KB201678

처음 시작하는 꽃꽂이

Four Seasons Flower Design

나의 사계절 플라워 디자인

염신애 지음

Black ink

PROLOGUE

일상의 소소한 행복, 꽃

종종 여러 아시아권 나라를 방문해 꽃집에서 꽃을 사고, 꽃시장을 구경하곤 합니다. 그러면서 현지인들이 꽃을 사는 모습, 꽃을 일상에서 가까이하는 모습을 보고 우리나라 사람들도 더 자주 곁에 꽃을 두면 얼마나 좋을까, 하는 아쉬운 마음이 들었습니다. 실제로 제 주변 사람들도 꽃을 일상에서 쉽게 접하기가 어렵다고 말합니다. 집에 소소하게 한 송이만 꽂아 두고 싶어도 꽃집에 들어가서 딱 한 송이를 사기는 좀 어색하게 느껴진다고요. 하지만 꽃을 곁에 둔다는 건 작은 한 송이부터가 시작이 아닐까요?

'각자의 꽃, 다정한 일상'이라는 저의 작업 슬로건은 여기에서 시작했습니다. 일상의 소소한 행복을 꽃을 통해 만들어 내고 싶었습니다. 스토리와 구성적인 요소가 들어간 예술적인 꽃 작품도 플로리스트가 만드는 멋진 창작물이지만, 그런 웅장함보다는 친근함이 어울리는 꽃 작업을 주로 해 왔습니다. 이 책 역시 그런 생각을 담아 펴냈습니다.

적은 종류의 꽃을 활용하는 방법부터 다양한 꽃을 사용한 작업까지, 이 책에서는 가장 기본적이면서 편안한 느낌을 주는 꽃 작업과 작품을 소개합니다. 처음 꽃을 다루는 사람들도 쉽게 이해하고 혼자 차근차근 해 나갈 수 있도록 꽃꽂이 레시피와 포인트, 사진을 구성했고 QR코드를 통해 영상으로 꽃 작품을 완성하는 과정을 볼 수 있도록 했습니다.

우리 일상에 꽃이 스며들기를 바라는 마음으로 준비한 이 책이 여러분에게 좋은 시작이 되기를 바랍니다. 내 손으로 만들어 가는 사계절 꽃 여행. 지금 떠나 볼까요?

플로리스트 **염신애**(도즈스윗워즈)

CONTENTS

PROLOGUE 4

※ QR코드를 통해 각각의 꽃 작품을 만드는 과정을 영상으로 보실 수 있습니다.

PART. 1

SPRING

봄 향기가 전해집니다. 차가운 겨울을 이겨 낸 마른 가지와 줄기에서 노랑, 핑크, 연두 등의
색감이 피어나 대지를 물들이는 시간입니다. 새로운 시작을 의미하는 따스한 봄날을 그리며
봄에만 볼 수 있는 계절 꽃들로 소소한 행복을 손끝에서 피워 보세요.

싱그러움이 가득한 봄나물 비빔밥

Spring
Greens Bibimbap

작고 귀여운 꽃들이 땅 위로 아지랑이처럼
피어나는 계절입니다. 천 위에 촘촘하게 자수를
놓듯 따스한 봄의 꽃들을 나무 그릇에 소담하게
담아 보세요. 마치 우리가 알고 있는
비빔밥처럼 멋지게 완성될 거예요.

주재료 조팝나무, 개나리, 시레네, 미니 냉이초, 강아지풀

부재료 나무 용기, 비닐, 플로럴폼

RECIPE

1. 플로럴폼을 용기의 1/3 높이로 재단하여 밖으로 드러나지 않게 합니다.

2. 준비한 용기에 플로럴폼을 넣어 줍니다. 나무 용기를 사용할 경우, 물이 스며들지 않도록 비닐로 플로럴폼을 감싸 넣습니다.

3. 준비한 소재를 순서대로 군데군데 넣어 줍니다. 폼에 들어가는 줄기에는 잎이나 꽃이 없도록 깨끗하게 제거합니다. 진행 방향을 정하면(시계 또는 반시계 방향 등) 특정 소재에 치우칠 수 있으니 주의하며 장식하세요.

4. 모든 소재가 골고루 들어갈 수 있도록 진행합니다.

5. 가장 작업하기 쉬운 소재(강아지풀과 같은 그린 소재)는 마지막에 넣어 줍니다.

6. 돌림판을 이용해 작업물 전체를 확인하며 마무리합니다.

7. 실제로 사용하는 젓가락이나 포크, 작업할 때 사용한 나무 등으로 꽃 도시락을 연출합니다.

POINT

- 각각의 소재는 비빔밥의 나물이 연상되도록 담아 주세요.
- 플로럴폼은 전체 무게가 무거워지지 않게 필요한 양만 사용합니다.
- 작고 가벼운 소재를 사용하므로 플로럴폼에 들어가는 줄기는 2cm 내외여도 좋습니다.
- 소재에 따라 사선 절화 대신 일자 절화를 할 수 있습니다.
- 플로럴폼에 줄기를 넣을 때는 두세 번 나누어 넣는 것이 좋습니다. 한 번에 찔러 넣을 경우, 소재에 따라 부러지거나 너무 깊게 들어갈 수 있습니다.
- 용기 가장자리 밖으로 소재가 튀어 나가지 않도록 유의하며 디자인에 집중하세요.
- 디자인 작업물이 돋보이도록 소품을 사용해 연출합니다.
- 나물 등 음식으로 연출하고 싶을 때는 큰 소재보다 작은 소재들을 선택하면 비슷한 결과물을 기대할 수 있습니다.
- 이를 응용하여 비빔밥이 아닌 밥과 반찬이 다른 구역에 담긴 도시락을 꽃으로 연출할 수도 있습니다.

보트 부케

Botte Bouquet

프렌치 스타일의 보트 부케는 장화 모양의
통통한 라인이 귀엽고 사랑스럽답니다.
K-flower에서 흔하게 볼 수 있는 디자인은 아니지만,
줄기의 잎을 살린 자연스러움과
단순함의 조합이 큰 매력으로
다가올 거예요. 포인트만 알고 있다면
누구나 쉽게 만들 수 있습니다.

주재료 염색 미니 카네이션, 시네라리아, 라벤더잎
부재료 와이어, 샤무드끈

RECIPE

1. 준비한 소재를 20~30cm로 다듬어 줍니다(컨디셔닝). 이때 그린 소재인 라벤더잎은 줄기를 다듬지 않고 그대로 남깁니다.

2. 라벤더잎 2~3대로 기둥을 만들고 컬러 꽃을 덧대어 줍니다.

3. 위에서 아래 시선으로 보면서 색감이 모이지 않게 '컬러 꽃 → 라벤더잎' 순서로 진행합니다. 모양이 동그란 원형 크기로 확장되도록 납작하지 않게 소재를 넣습니다.

4. 사방화이므로 한 면에 고정하지 않고 꽃을 돌려 가며 360도로 장식합니다.

5. 중심은 약간 낮게, 가장자리로 갈수록 조금 더 높아지도록 하고 윗면은 평평하게 의도합니다.

6. 짧은 소재들을 이용하여 부케의 허리 부분도 조금 채워 줍니다.

7. 더 이상 손으로 잡을 수 없을 만큼이 되면 준비한 와이어로 단단하게 묶습니다.

8. 샤무드끈을 러프하게 4~5바퀴 돌려 준 다음 정면의 옆에 매듭을 짓고 리본을 짧게 잘라 마무리합니다.

9. 전체 길이는 30cm 이내로 하며, 줄기 다듬기는 끈을 묶기 전 또는 마지막 등 어떤 순서에 해도 괜찮습니다.

POINT

- 줄기를 통통하게 해 줄 배경 그린 소재, 디자인에 맞는 촘촘한 꽃 그리고 포인트 소재까지 이렇게 3가지 종류만 사용해도 멋스럽게 완성할 수 있습니다.

- 윗면은 평평하도록 제작합니다.

- 많은 양의 꽃을 사용하면 오히려 지저분하고 답답해 보일 수 있습니다.

- 어느 방향에서 보아도 아름답도록 사방으로 꽃을 덧대어 줍니다.

- 줄기에 잎이 많이 들어가므로 중간 수정은 어려운 편입니다.

- 손잡이 부분이 통통하게 마무리됩니다.

- 큰 꽃보다는 작은 꽃, 라인감이 있는 꽃을 이용하면 더욱 내추럴한 프렌치 디자인이 가능합니다.

- 취향에 맞게 길이를 정하되 추천하는 전체 길이는 30cm 이내입니다.

- 클래식한 드레스, 야외 웨딩, 웨딩 사진 촬영 등에 모두 어울리는 스타일입니다.

특별한 장미 한 송이, 로즈멜리아

Rosemellia Bouquet

장미는 그 자체로도 매력적이고 향기로운 꽃이지만,
이 봄꽃의 아름다움이 더욱 돋보이도록 만들 수 있어요.
장미 꽃잎을 하나하나 떼어 낸 다음 와이어링을 하고
다시 엮어 줍니다. 어디에도 없는 큰 사이즈의
특별한 장미 한 송이를 직접 만들어 보세요.

주재료 시머장미, 퀵샌드장미
부재료 28번 와이어, 플로럴테이프, 유리테이프, 리본

RECIPE

1. 1~2종류 장미의 꽃잎을 떼어 줍니다. 꽃잎을 떼어 내고 줄기만 남은 장미 10대 정도를 따로 남겨 두세요.

2. 꽃잎을 1장씩 떼기 힘들다면 줄기와 받침을 제거해 한 번에 잎을 분리합니다.

3. 장미잎 1~3장 정도를 겹쳐 잎 전체의 1/3 지점에서 와이어링합니다.
   1장만 사용해도 좋고, 또는 2장을 반으로 접거나 3장을 그대로 포개어도 됩니다. 조금씩 다른 모양의 잎이 와이어링될 수 있게 반복 준비합니다.

4. 준비한 장미 잎을 기둥 장미(중심 장미)에 덧댄 다음 연결된 와이어를 회오리처럼 아래로 감싸 줍니다. (영상을 참고하여 나머지도 반복)

5. 주먹 크기 이상으로 커졌다면 플로럴테이프로 와이어를 감아 줍니다.

6. 줄기를 약 20cm 남긴 다음, 따로 분류해 둔 장미 대를 로즈멜리아에 덧댑니다. 줄기에 기둥을 만드는 느낌으로 차곡차곡 붙여 세워 주세요.

7. 유리테이프를 사용해 덧댄 기둥 줄기들을 원래 줄기에 고정합니다.

8. 전체 길이를 확인한 다음 리본을 보기 좋게 묶어 줍니다.

POINT

- 장미 한 종류만으로도 제작이 가능합니다.

- 가장자리 겉잎(상처가 많은 꽃잎), 크기가 작은 잎(중심부에 있는 꽃잎)은 사용하지 않습니다.

- 잎을 떼어 내고 소량의 잎만 남겨 놓은 장미 1대는 따로 빼 두어서 정중앙에 놓을 장미로 사용합니다.

- 장미 잎은 엄지와 검지를 잎 아래까지 넣고 살살 어루만지듯이 하여 분리합니다.

- U자 모양으로 만든 와이어를 잎의 반보다 아래에 찔러 준 다음 꼬아 줍니다. (약 1/3 지점)

- 와이어링한 잎은 완성 크기에 따라 양을 조절하여 준비합니다.

- 장미 대는 마지막에 활용할 수 있도록 10대 이상, 20~30cm 길이로 여유 있게 남겨 놓습니다.

- 와이어링한 잎을 덧대고, 중심 줄기에 회오리로 돌릴 때는 같은 방향으로 감아 줍니다. 이렇게 해야 테이핑할 때 같은 방향으로 원활히 작업할 수 있으며 안전합니다.

- 플로럴테이프는 원하는 만큼 떼어 준 다음 양쪽으로 당기면 접착력이 생깁니다.

- 유리테이프를 감는 지점은 전체 줄기의 절반에서 조금 위쪽입니다.

- 리본은 여성스러운 느낌의 오간자 또는 시스루 계열로 폭 3cm 이상을 추천합니다.

달항아리 카네이션 센터피스

Moon Jar Carnation Centerpiece

완연한 봄과 함께 찾아오는 5월은 가정의 달이에요.
이때 꽃의 수요가 가장 많은 이유는 소중한 사람에게
마음을 전달하기 좋기 때문입니다.
우리나라 백자에 존경과 감사의 의미를 담은
카네이션을 장식해 보세요.
다가오는 특별한 날에는 직접 꽃 작품을
만들어 선물할 수 있을 거예요.

주재료 카네이션, 버터플라이 라눙쿨루스, 옥스퍼드, 마거리트, 아이비
부재료 달항아리, 보자기, 고무줄, 노리개, 와이어 혹은 빵끈

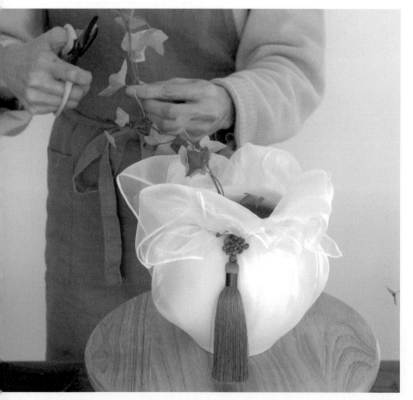

1. 화기를 중앙에 놓고 보자기의 4개 꼭짓점을 중앙으로 모아 올립니다.

2. 화병 입구에 고무줄을 1~2바퀴 돌려 보자기를 고정합니다.

3. 보자기의 끝(모서리)을 밖으로 접으며 고무줄 사이로 끼워 모든 면을 고정하고, 프릴이 예쁘게 잡히도록 매만져 줍니다.

4. 보자기의 모든 라인이 정비되면 노리개를 준비합니다.

5. 와이어나 빵끈으로 노리개를 한 번 고정하고 화병 입구에 와이어를 둘러 묶어 줍니다. 이때 와이어가 보이지 않도록 주의하세요.

6. 부재료 준비가 끝나면 화병에 물을 채웁니다.

7. 아이비를 사방으로 4~5대 이상 넣습니다. 아이비가 배경 및 무거운 꽃들이 덜 움직이 도록 도와줍니다.

8. 낮은 카네이션을 중심으로 두 색상의 카네이션을 번갈아 넣습니다. 가장 높은 꽃의 위 치는 화병 위로 1:1 비율부터 조금 더 높게 해도 됩니다.

9. 버터플라이 라눙쿨루스를 서브 꽃으로 활용하며 메인 꽃 사이에 넣어 줍니다.

10. 앞선 꽃보다 가벼운 느낌의 옥스퍼드(라인 꽃)를 군데군데 다른 길이로 배치합니다.

11. 채우기 꽃인 마거리트를 정리하여 중앙에 넣고, 나누어진 가지를 덩어리 꽃 사이사이 에 교차시켜 줍니다.

12. 남겨 둔 아이비를 활용해 빈 부분을 채워 줍니다.

13. 앞, 양쪽 옆, 상단을 확인하고 마지막으로 후면을 정리하면 완성입니다.

POINT

- 보자기 크기는 준비된 화병 너비의 3배 폭이면 충분합니다.

- 고무줄을 너무 세게 고정하면 보자기를 끼워 넣어 모양을 만들기 어려울 수 있습니다.

- 노리개는 생략해도 무방합니다.

- 입구가 넓은 화병을 사용할 경우, 테이프로 가벽을 세우거나 치킨 와이어(네트망)를 화병 속에 넣어도 좋습니다.

- 소재는 모두 높낮이와 꽃의 얼굴 방향을 달리하여 리듬감을 주고 모든 꽃이 잘 보이게 합니다.

- 큰 꽃을 너무 높게 꽂으면 줄기가 외로워 보일 수 있습니다. 가장 높은 라인은 가볍거나 라인이 아름다운 꽃으로 대체합니다.

- 다양한 각도, 특히 위에서 아래를 보면서 화병의 중앙이 비어 보이지 않도록 정리합니다.

- 빈 부분에 무조건 큰 꽃을 넣기보다는 그린 소재나 작은 꽃으로 마무리해야 복잡하지 않습니다.

- 사용하는 모든 꽃을 앞으로 위치시켜야 상품성이 높아집니다. 정면을 정하고 디자인하는 것을 '프런트 페이싱(일방형)'이라고 합니다.

봄의 여왕, 작약 꽃다발

The Queen of Spring,
Peony Handtied

따스한 봄이 되면 다양한 매체에서 작약을 볼 수 있어요.
플로리스트들도 봄이 다가오면 설레는 마음으로
꽃시장에 첫 작약이 나오길 기다리지요.
단 한 송이만 있어도 예쁜 꽃이지만,
향기마저 아름다운 봄의 여왕 작약으로
한 아름 꽃다발을 만들어 보세요.

주재료 작약 2종, 미스김 라일락
부재료 방수테이프, 색화지, 주름종이, 리본 2종

RECIPE

1. 핸드타이드 바인딩 포인트(잡는 점)에 맞추어 컨디셔닝 작업을 합니다.
   작약은 얼굴이 큰 꽃이므로 10대 기준으로 꽃 머리 아래 40cm(약 2뼘)를 제외한 줄기를 깨끗하게 제거해 주세요.

2. 기둥이 되는 소재 2~3대를 일렬로 잡습니다.

3. 준비한 작약과 미스김 라일락을 번갈아 가며 넣습니다.
   이때 스파이럴(나선형) 방향에 맞추어, 줄기 대각선 끝이 작업자가 아닌 반대쪽을 향하는지 확인하며 하나씩 진행합니다.

4. 다섯 손가락으로 꼭 쥐고 작업하면 나선이 아닌 병렬로 줄기가 잡히므로 꽃다발이 갑갑해 보일 수 있습니다. 따라서 엄지와 검지를 동그랗게 말아서 꽃을 쥐고 작업합니다.

5. 꽃의 높낮이를 조금씩 다르게 하여 꽃이 필 수 있는 여유 공간을 확보합니다.

6. 작약보다 작은 얼굴을 가진 라일락은 작약 위로 가볍게 올라오도록 합니다.

7. 전체 높낮이와 자리가 확인되었다면 방수테이프로 고정합니다.

8. 색화지 2장을 볼륨감 있게 준비하여 꽃다발의 앞과 뒤에 각각 놓습니다. (영상 참조)
   이때 잡는 점이 변경되지 않도록 유의하세요.

9. 주름종이는 꽃 너비의 1.5배로 2장 준비하고, 먼저 종이 1장의 살짝 왼쪽에 꽃을 위치시켜 포장합니다. 이렇게 하면 종이 오른쪽 부분에 꽃의 사선 앞면이 살짝 가려집니다.

10. 나머지 종이도 앞의 것과 비슷하게 각도만 조금 달리하여 잡습니다. (영상 참조)

11. 리본을 묶어 완성합니다. 리본 2종은 완성 크기에 따라 다른 텍스처를 활용합니다.

POINT

• 완성 크기를 고려하여 잡는 점 하단에는 잎이나 꽃이 없도록 깨끗하게 제거합니다.

• 한쪽 방향으로 돌아가는 스파이럴(나선형)로 줄기를 잡습니다.

• 줄기가 일정하지 않게 교차하면 추후 수정이 어려우며, 묶을 때 꽃의 얼굴 방향이 바뀔 수 있습니다.

• 꽃 높낮이가 서로 다르면 더욱 자연스럽고 부피도 확장되어 보입니다.

• 꽃의 양이 많아질수록 바인딩 포인트는 아래로 조금씩 내려 줍니다. 만약 전체 크기에 비해 바인딩 포인트가 다소 높으면 꽃들이 모이고 꽃다발이 작게 완성됩니다.

• 상품 핸드타이드는 바인딩 포인트, 스파이럴, 높낮이와 꽃 얼굴 방향의 변형, 포장까지 모든 요소가 잘 맞아야 의도한 대로 완성됩니다.

• 포장할 때는 꽃이 밀리지 않도록 포장지 안에서 꽃다발의 자리를 지키며 진행합니다.

• 3가지 바인딩 포인트가 일치해야 합니다. 즉 처음 작업할 때 꽃을 잡는 점, 테이프 고정 지점, 마무리 리본 위치가 맞아야 합니다.

하트 센터피스

Heart Flower
Centerpiece

봄의 색감 하면 노랑이 떠오르지 않나요?
작고 귀여운 봄꽃으로
사랑의 마음을 전하는 센터피스를
만들어 보겠습니다. 짧게 잘라
사용할 수 있는 소재의 특성을 이해하고,
각 꽃의 역할을 알아 갈 수 있는
시간이 될 거예요.

주재료 웨딩인바이트장미, 필리카, 줄기스위트피, 칼랑코에, 골든티트리
부재료 하트 플로럴폼, 폼나이프

RECIPE

1. 하트 플로럴폼을 물에 충분히 담갔다가 뺍니다.

2. 나이프로 가장자리를 깎아 모서리를 면으로 만들어 줍니다.

3. 메인 소재인 스프레이형 미니 장미를 나누어 줍니다. 짧게 들어가기 때문에 플로럴폼의 높이를 고려하여 물 공급을 받을 수 있을 만큼 찔러 넣습니다. 가벼운 소재이므로 2cm 내로 넣으면 됩니다.

4. 높낮이를 조금씩 다르게 장식합니다. 모양을 잡기 어려운 경우, 미리 전체적인 윤곽을 꽃으로 먼저 장식해 놓을 수 있습니다.

5. 하트 모양에서 벗어나지 않도록 공간이 반 정도 채워지면 다음 소재(필리카)로 넘어갑니다.

6. 필리카는 줄기를 깨끗하게 다듬고, 장미가 겹쳐 보이지 않도록 빈 곳에 군데군데 넣습니다.

7. 스위트피를 작고 길게 나누어 줍니다. 잎 소재도 활용하여 싱그러움을 더하고 꽃 얼굴의 구불거림을 그대로 살려 리듬감을 줍니다.

8. 칼랑코에로 조금 남은 부분을 채워 줍니다. 이때 많은 꽃을 사용하지 않으므로 간결하고 귀여운 모양의 가지를 나누어 활용합니다. (영상 참조)

9. 마무리로 준비한 그린 소재인 골든티트리를 작게 잘라 줍니다. 길이는 약 5cm 내외이며, 폼에 들어가는 줄기는 잎을 제거하고 정확히 넣습니다.

10. 돌림판을 이용해 하트의 모든 방향을 점검하고 마무리합니다.

POINT

- 플로럴폼의 모서리를 면으로 깎아 사용하면 줄기가 더 쉽게 들어가고 물 공급도 원활해집니다.

- 모양이 정해져 있으므로 하트의 하단(뾰족한 꼬리)과 상단(봉긋한 눈웃음 라인)에 신경 써 주세요.

- 플라스틱 수반까지 줄기가 닿지 않도록 플로럴폼에 넣어 줍니다.

- 언제나 플로럴폼 높이를 고려하여 꽃의 위치와 들어가는 줄기의 길이를 확인합니다.

- 돌림판을 돌려 가며 꽃이 다양한 곳을 바라볼 수 있도록 작업합니다.

- 플로럴폼을 적절히 사용하기 위해서는 방향을 정하지 않고 왔다 갔다 하며 번지듯 꽃을 채웁니다.

- 선이 아름다운 줄기스위트피는 꽃뿐만 아니라 잎도 모두 사용합니다. 잎은 빈 곳을 채우고 라인감을 주는 역할을 합니다.

- 더 이상 채울 부분이 없을 때는 작고 가벼운 소재를 활용하여 포인트를 줄 수 있습니다.

- 하트 플로럴폼의 상단을 메인으로 장식하지만 하트의 안쪽과 바깥쪽도 신경 쓰며 소재를 조금씩 채워 줍니다. 이는 연결성을 위한 것이므로 상단처럼 많은 양으로 가득 채울 필요는 없습니다.

귀여운 봄 부케
Spring Bouquet

봄의 색을 담은 파스텔 소재들을 선택합니다.
앞면을 정한 다음, 위에서 아래 순서로 내려가며
프런트 페이싱 디자인 부케를 만들어 보세요.
봄을 기다리는 반가운 마음이
화사하게 표현될 거예요.

주재료 카라, 튤립, 버터플라이 라눙쿨루스, 라눙쿨루스
부재료 유리테이프, 골지리본

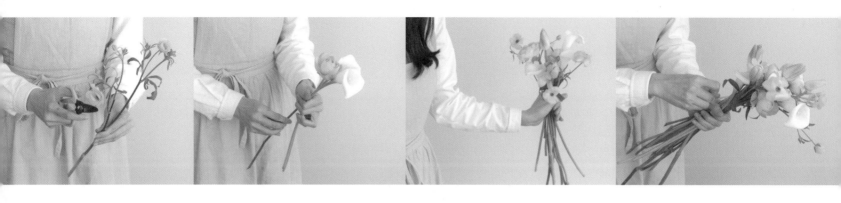

RECIPE

1. 부케 손잡이 부분의 아래 줄기에 있는 꽃과 곁가지를 제거합니다.

2. 곁가지가 많은 소재는 길게 사용할 수 있는 길이로 최대한 나누고, 튤립의 줄기 잎은 다른 소재들에 방해가 될 수 있으므로 미리 제거합니다. (필요시에만 조금 남김)

3. 카라나 라눙쿨루스는 제거할 잎이 없으므로 그대로 활용합니다.

4. 메인이 되는 꽃(카라, 라눙쿨루스)을 2~3대 먼저 지그재그로 잡아 줍니다.

5. 줄기를 가지런히 정리하면서 역삼각 모양을 그리며 가장자리에도 메인(튤립) 소재를 채워 넣습니다.

6. 위에서 아래로 지그재그를 그리며 내려오다가 어느 정도 모양이 드러났을 때 가벼운 소재인 버터플라이 라눙쿨루스를 덧대어 넣습니다.

7. 부케가 평면으로 보이지 않도록 높낮이를 달리하여 입체감을 줍니다.

8. 역삼각 모양을 확인하고 잡은 부분을 테이프로 묶습니다. 이때 테이프도 같은 라인으로 가지런히 돌아가도록 합니다.

9. 줄기 길이는 자유롭게 정할 수 있지만, 부케 꽃의 높이보다 무리하게 길게 남지 않도록 합니다.

10. 테이핑한 자리에 리본을 두세 번 둘러 준 다음, 옆쪽에 매듭을 짓고 리본을 다른 길이로 잘라 마무리합니다.

POINT

- 부케는 빠르고 정확하게 제작해야 하므로 다른 작업보다 전처리가 중요합니다.
- 작업할 때 꽃이 많이 돌아가지 않도록 꽃 무게를 최소화합니다. 이때 완성 길이를 고려하여 긴 줄기는 조금 잘라 준비한 뒤 작업에 들어갑니다.
- 웨딩형 핸드타이드에서는 나선형 줄기 라인보다 패럴렐(병렬형) 줄기 라인으로 정렬합니다.
- 시작부터 가벼운 소재를 넣으면 무게를 지탱할 굵은 줄기가 없어 꽃들이 원래 위치에서 이탈할 수 있습니다.
- 프런트 페이싱 디자인에 맞게 앞면을 지정하고 작업합니다.
- 거울을 보며 앞면을 수정하면 더욱 예쁘게 완성할 수 있습니다.

- 상단 라인을 표현할 때는 작고 가벼운 꽃을 선택하고 12시 방향은 높게 올리지 않습니다. 시선의 흐름이 부드럽도록 사선에 위치시켜 줍니다.
- 플로리스트 전용 유리테이프를 사용합니다.
- 줄기의 길이가 불필요하게 길어질 필요는 없습니다.
- 최근에는 자연 줄기를 인위적으로 가리기보다 드러내는 디자인이 더욱 선호도가 높습니다.
- 리본 매듭이 풀리지 않도록 진주핀을 사선(아래에서 위 방향)으로 찔러 넣어 완벽하게 고정하는 방법도 있습니다.

장미 한 단으로 만드는 꽃다발

Only Rose Handtied & Wrapping

장미 한 단으로 만드는 클래식한 꽃다발입니다.
꽃다발 포장법과 물 처리하는 방법도 알아보세요.
담장에도 장미가 피어나는 계절,
특별한 날 소중한 사람에게 선물하기 좋은
아름다운 감성의 꽃다발을 만들어 보겠습니다.

주재료 장미 10송이
부재료 부직포 포장지, 얇은 비닐 포장지(플로드지),
마끈과 꾸밈 리본, 빵끈, 방수테이프, 물 처리용 방수백과 스템티슈

RECIPE

1. 장미 줄기에서 가시와 잎을 제거합니다. 이때 잎은 모두 제거하지 않고 조금 남기는 것이 좋습니다.

2. 만들기 전 장미의 가장자리 잎(떡잎)을 제거합니다.

3. 2~3대로 가장 먼저 기둥을 잡습니다. 이때 바인딩 포인트는 꽃머리 상단 기준 아래로 약 30cm로 합니다.

4. 장미는 꽃 얼굴이 무겁기 때문에 돌아가지 않도록 주의하며 줄기를 같은 방향으로 나란히 넣어 줍니다.

5. 꽃 얼굴이 모이지 않도록 각각의 높낮이를 조금씩 다르게 합니다.

6. 10송이를 반복해서 넣었다면 앞면을 기준으로 꽃의 얼굴 방향과 높낮이를 조금씩 수정합니다.

7. 마끈을 단단하게 묶고(영상 참조) 하단의 줄기를 비슷하게 잘라 줍니다.

8. 준비한 스템티슈로 장미 줄기를 감싼 뒤 방수백에 넣습니다.

9. 스템티슈가 충분히 젖을 만큼 수분을 공급하고 방수테이프로 꼼꼼하게 묶어 줍니다. 물이 새지 않도록 최대한 바인딩 포인트에 맞추어 테이핑해 주세요.

10. 부직포 포장지를 꽃 전체 너비의 2배만큼 3장 준비합니다. 겉 포장지인 플로드 비닐 포장지도 비슷한 크기로 3장 잘라 놓습니다.

11. 오로라처럼 접어 양쪽에 1장씩, 앞면에도 1장을 덧대어 주고 빵끈으로 고정합니다. (영상 참조)

12. 잘라 둔 비닐 포장지를 세로로 세워 1장씩 빈틈이 없도록 돌려 가며 잡아 줍니다.

13. 잡는 점을 기준으로 위와 아래가 봉긋하도록 완성한 다음 리본으로 마무리합니다. (영상 참조)

POINT

- 장미의 가장자리 잎에는 유통과정에서 찍힘 등 상처가 있을 수 있습니다. 또는 겉잎이 빈티지한 느낌이 있을 수 있는데, 이는 개인마다 호불호가 있으므로 필요시 제거하면 됩니다.

- 핸드타이드 잡는 점은 다발의 완성 사이즈(사용하는 꽃의 양)에 따라 달라지며 양이 많고 클수록 바인딩 포인트는 낮아져야 합니다. 양은 많은데 바인딩 포인트가 높다면 꽃들이 뭉쳐져 갑갑해 보일 수 있습니다. 꽃들의 간격을 적절히 지켜 주어야 아름다운 모습을 더 오래 감상할 수 있습니다.

- 오로라처럼 포장지를 접기 어렵다면 펼쳐진 상태로 잡아 주어도 괜찮습니다.

- 하단의 줄기 길이를 고려하여 잡는 점 아래로 오는 포장의 길이를 결정할 수 있습니다. 줄기가 보이는 것이 싫다면 포장지를 길게 재단해 주세요.

- 이벤트성 꽃다발은 전체가 포장으로 장식되는 라운드 포장을 추천합니다.

- 무겁고 줄기가 튼튼한 소재를 사용할 때는 마끈을 추천합니다. 샤무드나 테이프를 사용할 경우 약하게 마감될 수 있고, 묶는 과정에서 끊어질 수 있습니다.

PART. 2

SUMMER

녹음이 짙어지고 시원한 바다가 생각나는 계절.

어디론가 멀리 떠나는 것도 좋지만 시원한 색감의 여름꽃들로부터 힐링을 얻을 수도 있습니다.

특히 여름에는 화려함보다는 담담하고 단순한 꽃 작업을 주로 합니다.

여름의 무더위를 이겨내는 강인한 여름꽃으로 꽃 휴가를 떠나 볼까요?

여름의 시원함을 담은 서머 바스켓

Greenery
Summer basket

여름 분위기에 맞는 시원한 느낌의 소재를 바구니에 한 아름 담았습니다.
같은 색채 안에서 질감을 다양하게 다루어 작업하여,
초여름의 싱그러운 분위기를 고급스럽게 연출해 보세요.
화사한 꽃보다 초록의 색감이 더 어울리는 공간에 두기 좋을 거예요.

주재료 야자 잎, 파니쿰, 아스클레피아스, 빈티지 수국, 유칼립투스 폴리, 줄맨드라미
부재료 플로럴폼, 손잡이가 있는 바구니

RECIPE

1. 물에 적신 플로럴폼을 바구니 크기에 맞춰 자른 다음 바구니 안에 넣습니다.

2. 자연스러운 디자인을 위해 플로럴폼은 화기보다 약 1cm 높게 맞춘 다음 가장자리를 자릅니다. 폼이 바구니보다 높으면 앞으로 자라나는 디자인 연출이 가능합니다.

3. 빈티지 수국을 나누어 배경 군데군데를 장식합니다.

4. 야자 잎을 이용해 시원한 분위기를 연출합니다.

5. 유칼립투스 폴리를 비어 있는 부분에 꽂아 줍니다.

6. 아스클레피아스를 먼저 넣은 소재들보다 조금씩 높게 넣습니다. 색감도 잘 보이고 자연스러운 리듬감을 연출해 줍니다.

7. 줄맨드라미로 가장자리에 떨어지는 라인을 만드는데, 이때 대각선상에 위치해 줍니다. 소재 특성상 늘어지고 선이 강하므로 동서남북 자리는 피하는 걸 추천합니다.

8. 파니쿰으로 시원함을 연출합니다. 바구니 손잡이를 기준으로 양쪽을 왔다 갔다 하며 사용합니다.

9. 다양한 방향에서 바라보며 중앙을 포함해 모든 면을 체크하여 마감합니다. 주재료인 소재와 부재료인 바구니가 들뜬 부분 없이 부드럽게 연결되어야 합니다.

POINT

- 플로럴폼이 흔들거리면 바구니 안의 플로럴폼 주변을 투명 필름으로 채워 고정할 수 있습니다.
- 소재의 높이는 바구니보다 높게, 너비는 바구니 폭의 반만큼 확장하면 가장 안정적입니다. 가벼운 소재로 더 확장시킬 수 있지만, 전체 소재를 추천 범위보다 높고 넓게 제작하면 부재료 사이즈에 비해 조화롭지 못해 보이므로 유의해 주세요.
- 그린 소재만 사용할 때는 텍스처와 모양이 다른 소재들을 혼합합니다. 또한 자연스러운 분위기를 연출하기 위해 비대칭 디자인을 추천합니다.
- 같은 높이로만 채우지 않도록 합니다.
- 메인 소재나 베이스 소재에 비해 포인트 소재는 많은 양을 사용하지 않습니다.
- 바구니나 핸드타이드는 계절감이 느껴지는 소재를 사용하여 그 매력을 더욱 업그레이드할 수 있습니다.
- 화려한 꽃 선물이 부담스러운 자리에 활용하면 좋습니다.
- 최근에는 웨딩 사진촬영, 베이비 사진촬영 등에도 그린 소재만을 활용하여 연출하기도 합니다.

베리 센터피스

Berry
Centerpiece

여름이 되면 꽃시장은 물론 산에서도 귀여운 열매들을 만날 수 있어요.
싱그러운 재료를 활용하여 테이블의 분위기를 업그레이드해 보세요.
비슷한 소재들을 섞어 만드는 사방화 센터피스는
크고 덩어리진 메인 꽃이 없어도
충분히 사랑스러운 연출이 가능하답니다.

주재료 블루베리, 레드베리, 에키놉스, 천일홍, 줄헤드라(줄아이비)
부재료 플로럴폼, 방수테이프, 오목한 화기

RECIPE

1. 물에 적신 플로럴폼을 화기 크기에 맞춰 재단합니다.

2. 플로럴폼을 화기보다 약 2cm 높인 다음 모서리를 완만하게 자릅니다.

3. 방수테이프를 사용하여 화기와 플로럴폼을 열십자로 고정합니다.

4. 중심이 높아지지 않도록 길이가 다른 블루베리를 군데군데 꽂아 줍니다.

5. 빈 부분에 같은 방법으로 레드베리를 배치합니다.

6. 얼굴이 큰 에키놉스는 바닥에 붙이고, 가벼운 에키놉스는 리듬감이 느껴지도록 높게 배치합니다.

7. 에키놉스와 같은 방법으로 천일홍을 꽂아 줍니다.
   천일홍은 더 가벼운 소재이므로 보다 길게 표현해 주어도 좋습니다.

8. 줄헤드라를 이용해 열매가 들어가기 어려운 부분과 플로럴폼을 가려야 하는 부분을 군데군데 장식합니다.

POINT

- 플로럴폼은 물에 띄워 스스로 가라앉기를 기다렸다가 꺼내 사용하세요. 안쪽까지 충분히 수분이 채워져야 합니다.

- 플로럴폼을 자를 때는 단면을 매끄럽게 잘라야 줄기가 잘 들어갑니다.

- 고정하기 위해 테이프를 많이 사용할 경우, 원하는 양의 소재를 넣기 힘들 수 있습니다.

- 비대칭, 대각선 라인으로 디자인하면 시선의 흐름이 부드러워집니다.

- 크거나 무거운 소재는 아래에, 작거나 가벼운 소재는 위에 장식하면 상대적으로 보기 좋습니다.

- 같은 소재를 비슷한 지점에 넣을 때는 높낮이나 꽃의 얼굴 방향을 다르게 합니다.

- 꽃이 더 이상 들어가기 어려운 곳에는 그린 소재를 사용하는 것이 좋습니다.

힐링 테라리엄

Healing Terrarium

'풀멍, 초록멍, 식집사'라는 말이 있어요. 바쁜 일상에서
나만을 위한 초록의 작은 정원을 만들어 보세요.
흙과 돌, 모래의 촉감과 냄새만으로도
이미 휴양림에 있는 듯한 기분이 들 테니까요.

주재료 비단이끼, 후마타 고사리

부재료 어항 모양의 화기, 화산사, 황금사, 백사, 굵은 흑사, 가는 흑사,
숯(활성탄), 화산석, 배양토, 핀셋, 숟가락

RECIPE

1. 숟가락으로 굵은 화산사를 떠서 화기 가장자리에 도넛 모양으로 넣습니다.

2. 굵은 흑사를 화산사 가장자리와 위쪽에 뿌립니다.

3. 앞면을 정하고 가는 흑사를 뿌려 층을 만들어 줍니다.

4. 백사, 황금사, 흑사를 번갈아 뿌려 층을 다양하게 만듭니다.
   이때 모래를 넣는 순서나 층의 두께를 정할 필요는 없습니다. 원하는 모래 디자인에 맞게 자유롭게 커스텀하여 제작합니다.

5. 꾸며진 곳을 피해 전체적으로 동그랗게 숯을 넣어 줍니다.

6. 배양토를 채울 때는 뒤쪽이 더 높도록 지형에 변화를 주며 흙을 깔아 줍니다.

7. 분무하여 흙을 자리 잡아 주고 화산석을 배치합니다.

8. 비단이끼를 조금씩 나누어 화산석 근처에 보기 좋게 배치합니다.

9. 흙을 조금 파고 핀셋으로 후마타 고사리를 두세 군데에 조금씩 식재합니다. 다른 식물이 있다면 추가할 수 있습니다.

10. 남은 화산사와 가는 흑사로 예쁘게 마무리합니다.

POINT

- 굵은 화산사 몇 알과 가는 흑사를 조금 남겨 두어 마감에 사용합니다.

- 이끼 위에 가는 모래가 떨어지지 않도록 유의하세요.

- 흑사로 층을 만들 때는 앞면을 정해 앞에만 층을 만들어도 무방합니다.

- 꾸밀 때는 모래를 숟가락으로 떠서 유리 벽면에 붙인 뒤, 조금씩 아래로 뿌려 줍니다.

- 층을 만들 때는 비스듬히 하거나 층 두께를 달리하여 자연스럽게 연출합니다.

- 이끼를 그대로 활용하기보다는 크기를 조금씩 다르게 하여 배치하면 더욱 보기 좋습니다.

- 전체를 이끼로 채우기보다 군데군데 장식하여 연출하는 것을 추천합니다.

- 고사리는 흙을 파고 단단하게 덮어서 고정합니다.

- 분무기를 사용하여 화기 벽면에 물을 조금 뿌려 줍니다.

- 뚜껑을 덮어 사용할 수 있지만 환기에 유의해야 합니다.

- 이끼가 마르지 않도록 지켜보며 조금씩 습도를 조절합니다. (60~70% 추천)

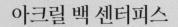

아크릴 백 센터피스

Acrylic Bag Centerpiece

단단하고 투명한 아크릴 가방을 활용하는 꽃장식.
좁은 공간과 한정된 재료를 이용하는 방법을
익힐 수 있어요. 무더위를 잊게 해 주는
시원한 색감으로 만들어
소중한 사람에게 선물해 보세요.

주재료 삼잎국화, 마리골드, 코스모스, 필리카, 미니 백일홍
부재료 스칸디아모스, 에그스톤, 아크릴 화기, 플로럴폼, 오아시스 핀과 픽서

RECIPE

1. 아크릴 화기 바닥의 약 1/3 크기로 플로럴폼을 재단합니다.

2. 화기 바닥 중앙에 오아시스 핀과 픽서를 부착합니다.

3. 앞뒤가 막힌 화기 특성을 고려하여, 베이스가 되는 꽃들을 플로럴폼에 미리 장식합니다.
   (사용되는 모든 소재 가능)

4. 꽃이 어느 정도 장식된 플로럴폼을 화기 안에 넣고 핀에 고정합니다.

5. 스칸디아모스와 에그스톤으로 플로럴폼과 바닥을 자연스럽게 연출합니다.

6. 큰 꽃을 군데군데 장식하고, 작은 꽃과 라인 꽃을 넣어 상단 부분도 채워 줍니다.

7. 더 이상 꽃을 넣을 수 없는 자리에는 남은 스칸디아모스를 배치하거나, 넣기 쉬운 튼튼한 소재로
   마무리합니다.

8. 취향에 따라 손잡이 부분을 리본으로 장식하거나 아크릴 화기 전면에 레터링을 부착할 수 있습니다.

POINT

• 한정된 공간을 순차적으로 활용해 보세요.

• 폭보다 위아래가 긴 화기를 사용하며 라인 꽃을 장식하는 연습을 합니다.

• 작은 플로럴폼을 활용해 소재를 넣는 양과 깊이를 파악해 보면 좋습니다.

• 꽃으로 모두 채우는 것이 아닌, 다양한 부재료를 활용해 봅니다.

• 흔한 부재료보다는 일상생활의 다양한 재료를 플라워 디자인의 부재료로 활용하면서 경험의 폭을 넓힐 수 있
  습니다.

• 플로럴폼 옆면에 판이끼나 스칸디아모스를 붙인 뒤 꽃 작업을 할 수도 있습니다. (생화 본드 사용)

• 아크릴 화기에 플로럴폼을 먼저 고정한 뒤 하단 부분은 꽃 없이 이끼와 스톤으로만 장식할 수 있습니다. 이 작
  업을 먼저 한 다음 상단만 꽃으로 고정하는 방법이 조금 더 쉽고 간편합니다.

모자 상자에서 피어난 여름 수국
Summer Hydrangea
Hat-Box

영국식 둥근 모자 상자를 활용해
많은 재료 없이도 클래식하고 우아한
분위기를 연출해 보겠습니다.
종이박스 부재료를 이해하고 서로 어울리는
컬러 톤을 알아 가는 시간이 될 거예요.

주재료 수국, 달리아, 거베라, 델피니움, 클레마티스
부재료 뚜껑 있는 원형 상자(모자 상자), 플로럴폼, 필름지, 리본

RECIPE

1. 물에 적신 플로럴폼을 상자 크기에 맞춰 재단합니다.

2. 상자가 젖지 않도록 플로럴폼에 필름지를 씌우고 상자 안에 넣습니다.

3. 필름지를 상자 높이에 맞춰 자릅니다.

4. 수국 가지를 잘라 나눈 다음, 중앙에서 약간 뒤쪽을 채워 줍니다. (모자 고정 단계)

5. 고정된 모자 옆쪽을 작은 수국으로 채웁니다.

6. 배경이 어느 정도 장식되었다면, 메인 꽃인 달리아를 양쪽에 번갈아 가며 4~5대 넣어서 수국과 어우러지
   도록 작업합니다.

7. 나머지 빈 부분은 거베라로 채우고, 라인을 표현합니다.

8. 작은 델피니움으로 노랑 꽃들 사이를 채웁니다.

9. 꽃을 채우고 남은 부분은 클레마티스잎으로 표현합니다.

10. 리듬감이나 포인트를 주고 싶은 자리에 클레마티스꽃을 장식합니다.

POINT

- 플로럴폼 가장자리를 비스듬하게 잘라 모서리를 면으로 만들어서 꽃이 사선으로 들어가도록 합니다.

- 필름지를 자르지 않으면 비닐이 보여서 꽃과 조화롭지 않으니 유의하세요.

- '배경 → 큰 꽃 → 작은 꽃' 순서로 진행하면 각 꽃의 역할을 파악하기 쉽습니다.

- 꽃들의 높낮이 변화를 통해 더 자연스러운 분위기를 연출할 수 있습니다.

- 부재료인 상자 크기에 따라 들어가는 소재의 양은 달라집니다.

- 상자 높이만큼 라인을 주면 너무 부담스럽지 않게 마감할 수 있습니다.

- 꽃들이 모두 잘 보일 수 있도록 너무 많은 양의 꽃을 사용하지 않습니다.

- 종이상자 뚜껑과 본체 끝에 구멍을 뚫어 리본으로 연출하면 더욱 사랑스러운 느낌으로 완성할 수 있습니다. (사진 참조)

컬러풀한 여름꽃 유리 화병

Colorful Water Vase Decoration

유리 화병과 물을 활용한 꽃장식은
일상에서도 쉽게 접할 수 있죠.
가장 기본이 되는 작업을
색색의 여름꽃들로 해 보겠습니다.
꽃다발로 엮은 다음 화병에 꽂을 수도 있지만,
직접 줄기를 다듬어 하나씩 정성스럽게 놓아 보세요.
꽃의 기울어짐, 올라감, 어우러짐 등을
모두 경험할 수 있습니다.

주재료 주먹맨드라미, 백일홍, 마리골드, 과꽃, 거베라, 옥스퍼드 스카비오사, 클레마티스잎, 줄맨드라미
부재료 달걀 모양의 유리 화병, 물

RECIPE

1. 화기의 입구까지 물을 가득 채웁니다.

2. 그린 소재를 사용해 나아갈 범위를 지정하고 배경을 장식합니다.
어느 방향에서도 감상할 수 있도록, 소재(클레마티스잎) 4~6대를 사방에
놓고 중앙에도 배치합니다.

3. 늘어지는 느낌의 줄맨드라미를 사용해 화병 가장자리를 장식합니다.
남은 재료를 생각하며 5대 이하로 넣되, 이때 소재의 길이와 높이를 다르
게 하는 것이 중요합니다.

4. 가장 꽃 얼굴이 큰 백일홍과 주먹맨드라미는 간격을 지켜 골고루 넣습
니다.

5. 짙은 색의 무거운 메인 소재를 넣었다면, 다음으로 연한색의 가벼운 서
브 소재를 장식해 줍니다. 먼저 넣은 메인 꽃들 사이에 과꽃, 마리골드가
들어갑니다. 들어간 꽃 옆은 나오는 꽃을 의도해 입체감과 자연스러움을
더합니다.

6. 덩어리 꽃 장식이 들쑥날쑥하게 완료되면 포인트 또는 라인 역할을 하는
꽃을 장식합니다. 거베라와 옥스퍼드를 섞어 가며 작업해도 좋습니다.

7. 주재료와 부재료의 경계가 어색한 곳에, 처음 넣었던 클레마티스잎을 장
식하여 마무리합니다.

POINT

- 줄기의 끝은 바닥이 아닌 화병 옆면에 닿아도 무방합니다. (물 공급이 가능한 범위 내)

- 박테리아 번식 지연을 위해 물에 닿는 잎은 제거합니다.

- 소재의 늘어지는 모습을 연출하기 위해 줄기의 길이를 일부러 짧게 재단합니다. 재단한 줄기를 화병의 바닥이 아닌 화병 상단 옆면에 닿게 하여 화병 입구에 걸치듯 넣습니다.

- 센터피스와 꽃이 만나는 지점이 어색하지 않도록 소재로 연결해 주어야 합니다.

- 테이블 중앙에 놓고 어떤 각도에서 보아도 아름답도록 의도합니다.

- 꽃꽂이 작업이 처음일 경우, 입구가 좁아지는 화병을 사용해 난이도를 조절합니다. 이후 화병 입구 너비를 확장하며 난이도를 높여 가는 것을 추천합니다.

- 소재 종류별로 진행하는 작업에서는 다음에 넣을 소재의 양과 가짓수를 고려하여 초반에 너무 많이 채우지 않는 것이 좋습니다. 항상 여유를 갖고 작업하며, 먼저 넣어 둔 꽃을 남겨 마지막에 조화롭게 수정 및 첨가할 수 있다는 것을 알아두어야 합니다.

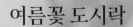

여름꽃 도시락
Bento Box

여름꽃과 식물을 정성껏 담아
푸릇푸릇한 도시락을 만들어 보겠습니다.
오밀조밀 귀엽고 소담하게 담긴 모습이
먹음직스러워 당장 소풍을 떠나고 싶을지도 몰라요.
여러 소재를 사용해 다양한 분위기와
상황을 연출하는 것도
플라워 디자인의 매력이랍니다.

주재료 알스트로메리아, 덴파레, 흰색 장미, 대국도, 망개, 석죽

부재료 꽃 상자, 플로럴폼, 나무젓가락, 짧은 끈, 필름지

1. 물에 적신 플로럴폼을 재단합니다.

2. 플로럴폼을 OPP 필름지로 감싸고 준비한 꽃 상자(도시락 역할) 안에 넣습니다.

3. 작업 전, 사용할 소재 개수에 맞춰 구역을 미리 나눠 둡니다.

4. 첫 번째 구역에 석죽을 그루핑(같거나 닮은 꽃을 비슷한 스폿에 2대 이상 배열하는 것)하여 넣습니다.

5. 바로 옆 구역에 높이를 맞추어 자른 덴파레를 넣습니다.

6. 세 번째 구역에는 장미가 하늘을 바라보게 해서 넣습니다.

7. 덴파레와 같은 방법으로 알스트로메리아를 장식합니다. 이때 길거나 큰 잎은 깔끔하게 제거합니다.

8. 남은 가장자리 구역에 망개를 빼곡히 넣습니다.

9. 대국도를 6cm 정도 길이로 잘라 가지런히 정리한 다음 빈 곳에 넣습니다.

10. 상자 가장자리로 벗어나는 소재가 없도록 정리하며 마감합니다.

11. 정갈하게 마끈을 맨 나무젓가락으로 포인트 장식합니다.

- 상자 안에 꽃을 담기 위해 플로럴폼은 화기의 1/2 또는 1/3 높이로 준비합니다.
- 구역을 나누어 그루핑해서 깔끔하게 정돈되도록 연출합니다.
- 방향이 다양한 소재의 경우, 나물처럼 연출되도록 자연스럽게 넣되 정해진 구역 안에서 장식합니다.
- 꽃이 크거나 높은 장미는 피하고, 작은 장미를 반찬처럼 활용합니다.
- 장미의 겉잎을 떼어 내면 사이즈 조절이 가능합니다.
- 대국도가 들어갈 공간을 미리 남겨 두고 꽃 소재를 장식합니다.
- 대국도가 움직이지 않도록 이쑤시개로 중앙을 찔러 고정해 둘 수 있습니다.
- 대국도의 뾰족한 부분을 잘라 미역 또는 조미김처럼 보이도록 정리해도 좋습니다.
- 더욱 도시락처럼 보이기 위해 나무젓가락 또는 포크로 연출합니다.

여름 들꽃 다발

Summer Handtied
& Paper Wrapping

여름 들판에 핀 작은 야생화를 상상하며 들꽃 다발을 한 아름 만들어 보세요.
이번에는 스파이럴 기법을 활용해 줄기를 나선으로 배열해 보겠습니다.
사랑스러운 부케에 어울리는 간단한 래핑 포장법도
익혀 두면 여러모로 쓸모가 있을 거예요.

주재료 부르트 장미, 붐바스틱 장미, 벌개미취, 안개공작(안개꽃으로 대체 가능), 도라지꽃, 강아지풀, 설유화 잎
부재료 빵끈, 포장지 2장, 리본

RECIPE

1. 곁가지가 많거나 튼튼한 꽃(붐바스틱 장미, 안개공작) 2~3대로 기둥을 만듭니다.

2. 먼저 넣은 꽃을 중심으로, 살짝 대각선으로 꽃을 나열하며 넣습니다.

3. 스프레이 형태의 꽃 사이사이에 외대 꽃(곁가지가 없는 꽃)을 채워 넣으며 진행합니다.

4. 다양한 꽃을 번갈아 넣되, 다른 꽃에 비해 가늘거나 가벼운 소재는 2~3대를 동시에 넣습니다. (벌개미취, 도라지꽃, 강아지풀)

5. 윤곽 디자인을 확인한 다음 빵끈으로 단단하게 고정합니다. (다섯 번 이상 꼬아 자르기)

6. 원하는 길이에 맞춰 다발을 옆으로 눕히고 자릅니다. 이때 잡는 점을 기준으로 약 7:3 비율(꽃이 있는 상단이 6~7, 줄기만 있는 핸들 부분은 3~4 정도)을 넘지 않아야 안정적으로 완성됩니다.

7. 꽃 너비의 2배 폭을 가진 포장지를 펼칩니다.

8. 꽃다발을 포장지 왼쪽에 놓고, 여유 있게 한 쪽씩 접어 바인딩 포인트에 맞춰 잡습니다.
   이때 포장이 꽃을 밀지 않도록 조심해야 하며 정해 놓은 꽃의 위치는 변경하지 않습니다.

9. 두 번째 포장지는 꽃다발을 오른쪽에 두고 같은 방법으로 접고 잡습니다. 바인딩 포인트를 기준으로 벨라인 드레스처럼 위아래가 봉긋하도록 포장지 구김을 잘 펼쳐 줍니다.

10. 리본을 묶어 마무리합니다.

POINT

- 나선형으로 핸드타이드를 하여 소재들을 모아 묶어서 고정합니다.

- 초반에는 손가락의 움직임에 집중하며 천천히 1대씩 진행합니다.

- 바인딩 포인트 아래에는 잎이나 꽃이 없도록 제거해 주면 수성하기도 좋습니다.

- 최초의 바인딩 포인트는 꽃 머리 기준으로 약 20cm 아래에서 시작하며, 꽃이 많아질수록 조금씩 내려 줍니다.

- 비슷한 느낌의 소재를 사용할 때는 잔잔한 높낮이를 두어 이야기하는 듯한 분위기를 만들어 줍니다.

- 포장지 내에서의 꽃 위치를 지키며 포장을 완성합니다.

- 포장지와 꽃은 제작자의 몸 중앙에 놓고 작업합니다.

- 넓은 포장지를 꽃다발로 모아 줄 때, 포장지의 셔링 (주름) 간격을 비슷하게 맞추며 진행합니다.

- 기본 포장법에 익숙해지면 여러 변형 포장도 가능하므로 꾸준히 연습하는 것을 추천합니다.

PART. 3

AUTUMN

선선한 날씨와 함께 낭만이 깊어지는 계절, 가을이 왔습니다. 산과 들은 온통 마음을 편안하게 물들이는 색으로 가득 차 있습니다.

가을에 어울리는 소재와 이야기를 다양한 작업에 담아 보세요.

추운 겨울이 오기 전에 아름다운 가을꽃과 소재로 리스를 엮고 야외 웨딩 사진 촬영에 어울리는 부케를 만듭니다.

무르익는 계절에 맞는 성숙한 꽃들을 만날 수 있습니다.

갈대와 까치밥 리스
Wreath with Reed & Celastrus Orbiculatus

가을 하면 알록달록한 낙엽의 색, 가을바람에
흔들리는 갈대와 억새가 떠오릅니다.
가을을 대표하는 소재들로 '영원'과
'번영'을 상징하는 리스를 만들어 보세요.
수확의 계절과 정말 잘 어울릴 거예요.

주재료 억새, 바다갈대, 까치밥 열매와 가지
부재료 등나무 리스틀, 와이어

RECIPE

1. 와이어를 미리 등나무 리스틀에 꼬아 뒷면에 매듭을 지어 둡니다.

2. 갈대와 억새의 줄기를 약 3~5cm 남기고 잘라서 준비합니다.

3. 3~5대 정도를 섞어 리스틀에 올리고, 고정한 와이어를 줄기 부분에 약 2회 감아 줍니다.

4. 처음 고정한 소재의 줄기가 가려지는 부분에 두 번째 소재의 묶음을 놓고 와이어를 사용해 묶어 주세요. 이때 너무 촘촘하게 배치하면 답답해 보이거나 소재가 부족할 수 있으니, 아래로 차곡차곡 내릴 때의 간격에 유의합니다.

5. 와이어는 소프트아이스크림 모양처럼 아래로 내려가며 감아 줍니다. 와이어를 단단하게 당기면서 고정합니다.

6. 먼저 넣은 소재의 줄기 아래로 반복 레이어드하여 채우면서 내려옵니다.

7. 도넛 모양의 안쪽과 바깥쪽에 소재가 잘 들어가고 있는지 확인합니다.

8. 마지막 소재는 맨 처음에 넣은 소재를 살짝 들어서 줄기를 가린 다음 와이어링합니다.

9. 갈대와 억새가 도넛 모양으로 전체 장식되었다면, 틀을 돌려 와이어를 바느질하듯이 틀에 꼬아 마감합니다.

10. 열매 소재인 까치밥 가지는 굽어지는 라인이 장점입니다. 예쁜 라인의 까치밥을 군데군데 틀에 끼워 넣습니다. 틀에 들어가는 길이는 3~5cm로 단단하게 넣어 줍니다.

11. 소재들 모두 납작하게 들어가지 않도록 앞으로 자라나는 느낌을 연상하며 장식합니다.

12. 벽에 걸거나 바닥에 두고 멀리서 보면서 수정 보완해 마무리합니다.

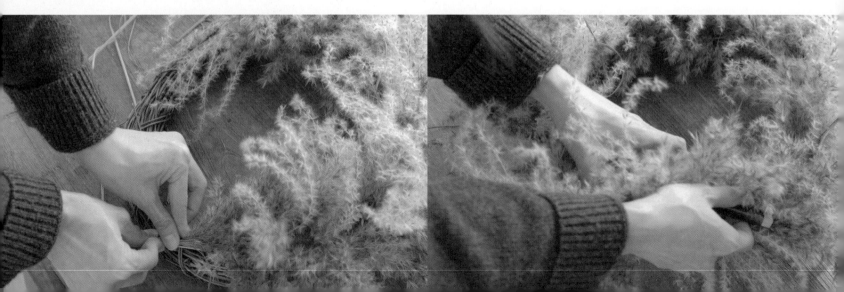

POINT

- 리스의 의미가 더욱 뚜렷해지도록 둥근 모양으로 완성해 주세요.

- 가까이서만 작업하기보다는 수시로 멀리서 리스 모양을 확인하며 진행하면 좋습니다.

- 걸어서 작업하기 어렵다면 중간중간 바닥에 리스를 두고 모양을 잡아 갑니다.

- 와이어를 사용하지 않고 등나무 가지에 끼워 넣는 방법을 선택할 경우, 자리를 잘 확인하고 끼워 주세요. 제대로 고정되었는지 최종 확인이 필요합니다.

- 와이어는 당기듯 돌리며 2~3회 감으면 더욱 단단하게 고정됩니다.

- 미니 다발을 여러 개 만들어 두고, 한 방향으로 한 다발씩 와이어링하여 리스를 만들 수도 있습니다.

- 완성될 리스의 최종 지름을 고려하여 그보다 한 치수 작은 리스를 구매해 작업합니다.

- 리본을 바로 리스에 매어 주면 소재가 눌리게 되므로, 와이어에 리본을 감고 와이어 자체를 리스틀에 묶어 주면 소재의 봉긋함을 살릴 수 있습니다.

- 드라이가 가능한 소재를 선택하면 오래 두고 볼 수 있습니다.

Autumn Mood Bouquet

무더운 여름이 지나가고 선선한 가을이 왔어요.
가을의 자연을 담아 만든 부케를 들고
야외로 웨딩 사진 촬영을 나간다면 이보다 좋을 수 없겠죠.
계절의 색이 고스란히 담긴 자연스러운 아름다움을 느껴 보세요.

주재료 줄맨드라미, 주먹맨드라미, 마리모 거베라, 석죽, 수크령
부재료 플로럴테이프, 굵은 마끈

RECIPE

1. 꽃은 핸드타이드용에 맞춰, 상단 기준 20cm 정도 아래를 깨끗하게 컨디셔닝합니다.

2. 먼저 대가 굵고 얼굴이 큰 주먹맨드라미를 기준으로 잡습니다.

3. 주먹맨드라미를 지그재그로 면적을 확장하듯 5대 정도 넣습니다.

4. 주먹맨드라미 사이에 유연한 덩어리 소재인 석죽을 장식합니다.

5. 얼굴이 가늘고 긴 줄맨드라미를 덩어리 꽃 사이에 지그재그로 배치합니다.

   이때 맨드라미가 너무 길게 처진다면 덩어리 주변 꽃을 이용해 걸어서 고정할 수 있습니다.

6. 가볍고 라인감이 있는 마리모 거베라를 덧대거나 끼워 넣습니다.

7. 라인 소재인 수크령으로 자연스럽게 마무리합니다.

   수크령은 뾰족한 이미지가 있으므로 동서남북 배치보다는 사선으로 확장시킵니다.

8. 플로럴테이프를 사용해 단단하게 고정한 다음, 줄기를 나란히 자릅니다.

9. 마끈을 넉넉하게 잘라 아래에서부터 감으며 올라옵니다.

10. 테이프가 끝나는 높이의 사선에서 매듭을 여러 번(10회 이상) 만들어 줍니다.

11. 매듭의 시작과 끝을 잡고 살짝 늘려서 지렁이 모양으로 만들어 주면 완성입니다.

POINT

- 꽃다발 작업에 앞서, 잡는 지점을 기준으로 아래를 깨끗하게 제거하면 작업이 편해집니다.
- 잡는 점은 약 15~20cm 지점에서 우선 시작하고, 소재가 많아지면 아래로 더 내려 줍니다.
- 같은 소재들의 높이를 조금씩 달리하여 리듬감을 줍니다.
- 병렬로 줄기를 나란히 모으지만, 줄기가 많아진다면 나선형(스파이럴)의 같은 방향으로 비스듬히 잡아 주세요.
- 줄맨드라미는 보석 귀걸이를 달아 둔 것처럼 보이도록 넣습니다.
- 다양한 꽃을 믹스할 때는 배경이나 덩어리 소재로 틀과 아웃라인(윤곽)을 잡은 뒤 꽃으로 확장합니다. 마지막에는 열매나 가벼운 라인 소재를 넣으면 더욱 쉽고 편하게 작업할 수 있습니다.
- 수크령과 같은 소재를 사용할 때는 2개를 동시에 레이어드하면 양감을 높일 수 있습니다. 이때 높이를 달리하는 것이 더욱 자연스럽습니다.
- 웨딩형 부케는 전체적으로 역삼각형 또는 역사다리꼴로 만듭니다.
- 자연 느낌의 소재를 다룰 때는 분위기에 맞는 리본을 선택해 주세요.
- 잡는 점(리본)을 기준으로 줄기는 한 뼘 내로 마감합니다.

실크 플라워 트레이 어레인지먼트

Tray Arrangement
with Silk Flowers

조화로 깊은 가을 색을 담은 센터피스를 만들어요.

싱싱한 생화도 아름답지만

돌상이나 환갑 잔칫상, 매장 디스플레이 등을 위해

조화도 많이 사용하고 있답니다.

일상에서 다양하게 활용할 수 있는 실크 플라워를 만나 보세요.

주재료 조화 폼폰 국화, 코스모스, 작약, 헬레보루스, 열매 2종, 스카비오사, 실타래 이끼
부재료 플로럴폼, 글루와 글루건, 철제 트레이

RECIPE

1. 트레이에 맞춰 플로럴폼을 준비합니다.

2. 글루건을 사용해 실타래를 플로럴폼에 붙여 이끼처럼 연출합니다.

3. 오아시스 핀을 이용해 트레이와 플로럴폼을 결합합니다.

4. 준비한 조화 중에서 얼굴이 가장 큰 꽃(메인)을 먼저 낮게 꽂아 줍니다. (폼폰 국화)
   같은 소재를 같은 플로럴폼에 꽂아 통일감과 안정감을 줍니다.

5. 그다음 크기의 조화(두 번째 메인)를 골라 반대편 플로럴폼에 넣습니다. (헬레보루스)
   이때 소재의 높낮이와 꽃의 얼굴 방향을 달리하면 리듬감이 생깁니다. 연결성을 위해 반대쪽
   플로럴폼에도 낮게 하나를 넣습니다.

6. 연한 톤으로 넘어가는 서브플라워를 각각 플로럴폼에 그루핑하여 넣습니다(코스모스, 작약).
   가벼운 느낌의 소재는 좀 더 높게 연출해도 좋습니다. (※ 그루핑은 같은 소재를 비슷한 지점
   에 넣는 것을 말하며, 이렇게 하면 보다 정돈되고 안정적이게 되어 작품 완성도가 높아집니다.)

7. 열매 소재를 넣어 다른 텍스처를 의도해 줍니다. 트레이 사이사이에 앞으로 자라나는 연출을
   해 주면 좀 더 주재료와 부재료가 자연스럽게 연결되어 보입니다.

8. 전체를 확인하고 마무리합니다.

POINT

- 플로럴폼의 바닥에는 이끼를 붙이지 않아도 무방합니다.
- 앞면이 뚜렷한 일방형 장식의 디자인입니다.
- 중앙을 비우고 양쪽에 플로럴폼을 위치시키면 디자인적으로 좀 더 멋진 연출이 가능합니다.
- 조화 줄기는 굵은 와이어로 되어 있으므로 꼭 전용 와이어 가위를 사용합니다.
- 잔꽃이나 열매, 그린 소재는 양쪽 플로럴폼을 왔다 갔다 하며 군데군데 장식합니다. 너무 많은 양을 작업하여 메인 및 서브 소재와 주객전도가 되지 않도록 유의하세요.

대나무를 활용한 롱앤로 센터피스
The long & low Centerpiece with Bamboo

패럴렐 기법을 활용한 동양풍 센터피스.
롱앤로 꽃장식은 회담이나
회의 테이블, 웨딩 장식에서 흔히 볼 수 있는
낮고 긴 꽃꽂이를 말합니다.
부재료의 분위기에 맞게
소재도 달리해서 작업해 보세요.

주재료 달리아, 심비디움, 미니 양난, 미리오, 은매화
부재료 대나무, 플로럴폼, 방수테이프

RECIPE

1. 대나무 크기에 맞춰 플로럴폼을 재단하고 테이프를 사용해 일렬로 고정합니다.

2. 메인이 되는 그린 소재의 가지를 나누어 줍니다.

3. 패럴렐(병렬형) 기법으로 서로 다른 길이로 군데군데 소재를 배치합니다. 5대 이상 배경에 충분히 넣어 주세요.

4. 메인 소재인 달리아도 저마다의 길이와 얼굴 방향을 살려 군데군데 일렬로 넣습니다.

5. 심비디움을 달리아 사이에 넣되, 무게감 있는 소재는 너무 높이 장식하지 않습니다.

6. 필러 소재인 미니 양난을 활용해 줄기가 어색한 부분이나 플로럴폼이 많이 드러나는 부분을 채웁니다. 미니 양난은 1대에 여러 개의 꽃이 달려 있습니다. 나누어서 다양한 길이로 활용해 보세요.

7. 서브 그린 소재(은매화)를 가지치기합니다. 은매화처럼 진초록색이 꽃들을 가린다면 군데군데 잎을 떼어내어 줍니다. 주변 꽃들과 훨씬 가볍게 어우러질 수 있습니다.

8. 남은 소재들로 어색하거나 부족한 부분을 조금씩 채우면서 마무리합니다.

POINT

- 테이프를 너무 많이 사용하면 꽃이 들어갈 공간이 부족해지니 주의가 필요합니다.
- 플로럴폼의 높이를 고려하여 줄기를 남겨 주세요.
- 덩어리 꽃은 높이와 얼굴 방향의 변형에 더욱 신경 쓰도록 합니다.
- 센터피스 화기가 낮고 좁으며 넓기 때문에 꽃의 무게나 길이를 고려하여 작업합니다.

- 잔가지를 잘 나누면 1대로 여러 대의 효과를 줄 수 있습니다.
- 꽃을 꽂을 때는 연속된 방향보다 전체 폼을 왔다 갔다 하며 작업해야 리듬감 있게 완성됩니다.
- 그린 소재를 2종 이상 사용할 때는 텍스처와 잎 모양, 줄기 생김새가 다른 것을 선택합니다. 감상하는 사람이 둘 이상의 소재를 다르게 인식하도록 의도하는데, 이때 작품의 디자인과 의도를 충분히 파악하고 소재를 골라야 이질감이 없습니다.

코스모스 센터피스
Cosmos Parallel Centerpiece

가을을 대표하는 꽃, 바로 코스모스예요.
소재를 많이 사용하지 않아도 계절감을 표현하기에 충분하답니다.
들꽃을 사용한 자연스럽고
정돈된 플라워 디자인을 해 보겠습니다.

주재료 코스모스 2종, 율마
부재료 나무껍질 화기, 플로럴폼, 비닐

RECIPE

1. 준비된 화기에 맞춰 플로럴폼을 잘라 준비합니다. 수직 병렬 작업이므로 폼이 화기보다 높을 필요는 없습니다.

2. 플로럴폼을 감싸는 비닐은 조금 크게 재단하고, 폼을 넣은 다음 밖에서 보이는 비닐은 가볍게 제거합니다.

3. 준비된 메인 소재를 다양한 길이로 잘라 수직으로 넣어 주세요.

4. 색이 다른 코스모스들을 양쪽을 왔다 갔다 하며 넣고, 줄기는 일자로 넣습니다. 꽃의 얼굴 방향은 달리해도 좋습니다. 전체 윤곽이 세모(산 모양)가 되지 않도록 합니다.

5. 메인 소재인 코스모스가 80% 정도 채워졌다면 배경 소재인 율마로 넘어갑니다.

6. 율마 나뭇가지를 5~10cm 정도로 나눠 자릅니다.

7. 율마 나무줄기의 최소 약 2cm는 플로럴폼에 넣어 고정합니다.

8. 돌림판을 이용하여 다양한 길이의 율마를 채우면 가을 센터피스가 완성됩니다.

9. 마무리할 때는 화기와 눈높이를 나란히 맞추어 빈틈이 있는지 확인합니다.

POINT

- 물이 새어 나오지 않도록 플로럴폼에 맞춰 비닐을 사용합니다.
- 코스모스의 얼굴 방향은 인위적인 변형 없이 그대로 꽂아 줍니다.
- 약한 소재는 사선 대신 일자로 잘라 두세 번 나눠서 플로럴폼에 넣어 주세요.
- 메인 소재의 줄기가 약하면 메인을 먼저 작업한 다음 배경 소재로 마무리합니다.
- 플로럴폼에 들어가는 꽃이나 나무줄기는 잎이나 가시가 없도록 제거한 다음, 2~3cm 정도 넣어 고정합니다.
- 줄기를 플로럴폼에 넣을 때는 흔들지 않고 일자로 꽂아 줍니다. 지리를 변경할 때는 기존의 지리기 아닌 새로운 곳에 찔러 넣습니다.
- 꽃이 너무 높게 올라오면 테이블에 두었을 때 건너편 사람과의 대화나 눈 맞춤에 방해될 수 있습니다. 다만, 웨딩 버진로드 장식이라면 높이감을 주어 화려함을 더할 수 있습니다.
- 화기를 달리하여 계절 분위기에 맞추면 다른 느낌을 줄 수 있습니다.
- 높낮이만 변형한다면 1~2종의 소재로도 자연스럽게 완성할 수 있습니다.

97

탐스러운 열매 화관

Autumn Floral Headdress

영화 〈작은 아씨들〉의 웨딩 장면을 떠올리게 하는
소박한 계절 화관입니다.
가을 들판에서 구한 소재로 자연스럽게
엮은 것처럼 작업해 보세요.
정돈된 듯 러프한 스타일의
화관이 멋스러울 테니까요.

주재료 망개, 피어리스, 스키미아, 오이초, 줄헤드라(줄아이비)
부재료 18번 와이어, 플로럴테이프, 리본

RECIPE

1. 머리둘레에 맞추어 와이어를 재단합니다.

2. 플로럴테이프를 와이어 전체에 감아 줍니다.

3. 테이핑된 와이어 양쪽 끝에 고리를 만듭니다.

4. 고리를 걸어 소재를 넣을 구조물 작업을 완료합니다.

5. 사용할 소재들을 미리 짧게 잘라 두세요.

6. 1~3종의 소재를 미니 다발처럼 조합하여 테이핑합니다.

7. 화관의 고리 부분(끝)부터 소재를 테이핑하며 한 방향으로 고
   정해 나갑니다.

8. 같은 소재도 조합이나 얼굴 방향을 다르게 넣어서 조금씩 리
   듬감을 주며 진행합니다.

9. 중간중간 열매 소재를 넣어 자연스러움을 더해 줍니다.

10. 끝과 끝이 만나는 지점까지 소재를 모두 엮어 넣었다면 리본
    을 묶어 마감합니다.

POINT

- 와이어를 재단할 때는 전용 가위를 사용합니다.
- 플로럴테이프 특성상 사용 전에 당기면 접착력이 생깁니다.
- 소재를 준비할 때는 10cm 내로 짧게 잘라 줍니다.
- 소재를 테이핑하기 위해선 줄기를 2~3cm 정도만 활용해도 충분합니다.
  이때 줄기를 너무 길게 남기면 화관이 무겁거나 두꺼워질 수 있으니 유의해 주세요.

- 화관 정중앙에는 너무 크거나 튀어나오는 소재가 없도록 조절하며 장식합니다.
- 화관 전체에 소재가 장식되므로 균형이 맞는지 확인하며 진행합니다.
- 고리 양쪽에 리본을 묶으면 크기를 조절하여 사용할 수 있습니다.
- 리본을 조금 길게 하면 자연스러운 매력을 더할 수 있습니다.

프렌치 스타일 버드케이지

French Style Birdcage

프렌치 스타일의 정석, 새장 장식.
아름답게 장식된 꽃들이 마치 새가 되어 날아오를 것 같아요.
빈티지한 새장을 활용하여 부재료를 고정하고,
이와 어우러지는 다양한 소재를 사용해 보겠습니다.

주재료 염색 튤립, 미니 폼폰 국화, 스털링 장미, 초콜릿 코스모스, 미니 천조초, 라그라스(강아지풀), 아이비, 스위트피

부재료 오아시스 핀과 픽서, 플로럴폼, 새장

RECIPE

1. 새장 하단에 '오아시스 픽서 → 오아시스 핀' 순서로 고정합니다.

2. 플로럴폼을 재단해서 새장 중앙에 놓고 핀에 고정합니다.

3. 줄기 소재인 아이비를 가지치기해서 다양한 길이로 넣어 줍니다. 짧은 아이비로 군데군데 드러난 플로럴폼을 가리고, 긴 아이비로는 꽃 소재 사이사이에 리듬감을 더할 수 있습니다.

4. 큰 꽃(튤립, 미니 폼폰 국화)들을 순서대로 골고루 나눠 넣습니다. 짧은 소재와 긴 소재를 다양하게 활용해야 모든 꽃의 얼굴이 드러납니다.

5. 큰 꽃이 들어갈 수 없는 자리에는 작은 꽃인 스털링 장미를 배치합니다. 복잡해 보이지 않도록 꽃의 간격에 유의해 주세요.

6. 라인감이 돋보이지만 양감이 뚜렷한 스위트피는 서로 다른 길이로, 양쪽 사이드에 대각선으로 위치해 줍니다.

7. 재미를 더하는 특별한 소재인 초콜릿 코스모스와 미니 천조초를 새장 안과 밖으로 배치해서 내추럴한 디자인으로 완성합니다.

8. 라인 그린 소재인 라그라스를 조금 곁들여 아이비를 보조해 주면 완성입니다.

POINT

- 오아시스 픽서는 원하는 만큼 잘라 껌 형태로 만져 주면서 열감을 더하면 접착력이 올라갑니다.

- 핀이 너무 길면 가위로 잘라 플로럴폼 크기에 맞춰 사용합니다.

- 내추럴한 디자인이 돋보이는 프렌치 스타일의 센터피스에는 아이비 같은 그린의 줄기 소재를 주로 사용합니다. 그 외 대체할 수 있는 소재는 스마일락스, 줄기스위트피, 클레마티스 줄기, 장미 줄기, 자포니카 줄기 등이 있습니다.

- 큰 덩어리 꽃부터 자리를 잡아 줍니다. 사용하는 소재의 대수를 정하고 덧대어 큰 꽃들의 얼굴이 모두 보이게 해 주세요.

- 돌림판을 돌리면서 앞, 옆, 뒤 순서로 집중해 작업합니다.

- 스프레이 장미를 활용하면 채우기 좋습니다. 비슷하게 활용할 수 있는 소재는 소국, 스토크, 스프레이 카네이션 등입니다.

- 약하거나 리듬감 있는 소재는 마지막에 화룡점정으로 사용하는 편입니다.

- 메인·서브·필러·라인·그린까지 5가지 역할의 소재가 필요하며, 가짓수는 예산에 따라 1~2종씩 더할 수 있습니다.

PART. 4

WINTER

한 해의 마지막에 접어드는 사계의 네 번째 계절, 겨울입니다. 겨울을 떠올리면 하얀 눈과 따뜻한 촛불 그리고 사랑이 느껴집니다.

겨울을 표현하는 꽃 작업으로는 어떤 것이 있을까요? 연말을 훈훈하게 보낼 수 있는 센터피스와

한 해를 마무리하고 새해의 행운을 기원하는 리스까지, 가족과 친구, 연인과 나눌 수 있는 선물 같은 꽃 작업들을 다룹니다.

겨울의 염원을 담은 리스

Winter Christmas Wreath

소중한 사람을 위한 연말 선물, 그리고
홈데코 스타일링으로도 추천하는 리스입니다.
겨울에 리스를 더 많이 찾는 이유는
크리스마스 시즌에 다양하게 활용되기 때문이죠.
행운이 들어오는 리스를 문에 걸어,
연말을 더 따스하게 보내 보세요.

주재료 더글러스, 비단향나무, 글로브로스
부재료 리스틀 20cm, 27번 와이어, 오너먼트, 리본

RECIPE

1. 겨울 느낌이 나는 소재를 2종 이상 준비하고, 와이어는 미리 10~20cm 내외 길이로 잘라 둡니다.

2. 준비한 소재를 가지치기합니다. 이때 소재의 길이는 리스틀의 약 1/4 크기 이내로 잘라 줍니다.

3. 가지치기한 소재들을 번갈아 가며 미니 다발로 만듭니다.
   4~5대 정도 다른 길이의 소재들을 잡으며, 잡는 점은 아래에서 2~3cm 위입니다.

4. 모둠이 적당히 만들어지면 리스틀에 대고 와이어로 묶어 틀에 고정합니다.

5. 3, 4번을 반복하면서 한 방향으로 내려오며 진행합니다.

6. 마지막 한 모둠을 넣을 공간만 남았을 때는, 처음 시작한 모둠을 살짝 위로 들어 와이어 묶는 부분이 아래로
   가려지게 합니다. ('갈대와 까치밥 리스'와 같은 방법)

7. 소재가 골고루 잘 들어갔는지 전체적으로 확인합니다.

8. 준비한 오너먼트와 리본을 와이어로 결합한 뒤, 양쪽 와이어를 자르지 않고 남깁니다.

9. 소재를 살짝 위로 들어서 그 사이에 리본 와이어를 매어 주세요. 위험하지 않도록 후면을 깨끗하게 마감합니다.

10. 끈에 매달아 문이나 벽에 장식하면 완성입니다.

프리저브드 플라워를 사용한 겨울 갈런드

Preserved Flower Garland

자연 등나무가지를 묶고 천일생화라 불리는 프리저브드 플라워를 붙여 갈런드를 만들어요.
쉽고 간편하지만 조용히 집중해서 만드는 그 시간은 겨울의 고요함을 닮아 있죠.
한 해를 마무리하며 누군가를 위한 선물로 만들어 보는 것도 추천해요.

주재료 프리저브드 플라워 잎 소재 3가지 랜덤, 골드나 실버 컬러의 겨울 장식들
부재료 등나무 리스, 지철사, 마끈, 글루, 글루건

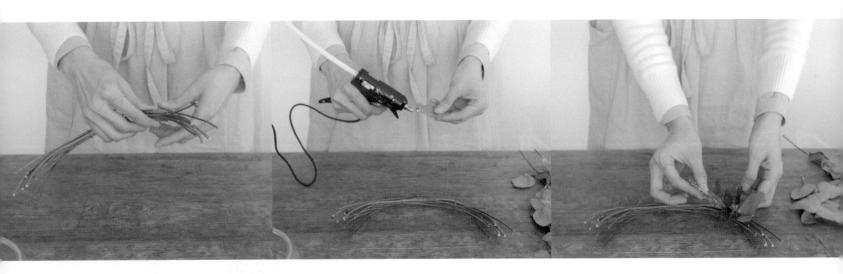

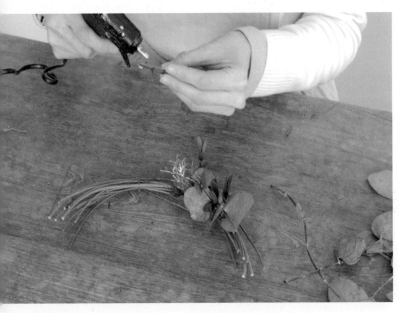

RECIPE

1. 20cm 등나무 리스를 반달 모양으로 자른 다음 10개 정도만 묶음으로 정렬합니다.

2. 반달 모양의 등나무 가지를 양 사이드에 각각 와이어링합니다.

3. 준비한 프리저브드 플라워 잎 소재를 여러 길이나 조각으로 나누어 줍니다.

4. 한쪽 방향에서 흘러 내려오듯 글루건을 이용해 하나하나 붙입니다.
   이때 너무 납작해지지 않도록 잎을 앞쪽으로 세우듯이 연출하면 자연스럽습니다.

5. 겨울 조각(목화 받침, 연밥, 솔방울 등)의 자리를 고려하며 진행합니다.

6. 잎 소재가 자연스럽게 채워진 다음, 포인트 소재를 군데군데 장식해 붙입니다.

7. 뒤집어 나뭇가지 양쪽 끝에 끈(또는 리본)을 묶어 줍니다.
   이때 균형이 맞아야 정 반달 모양으로 갈런드를 걸어 감상할 수 있습니다.

8. 리본을 정리합니다.

9. 갈런드를 걸거나 멀리 둔 다음, 양쪽 끝 가지를 자연스럽게 정리하면 완성입니다.

POINT

- 2~3가지 소재는 텍스처나 느낌이 다른 것으로 준비합니다.
- 단조롭지 않도록 열매나 포인트 소재를 사용하면 계절감을 느낄 수 있습니다.
- 걸이형 장식으로 너무 무겁게 장식되지 않도록 유의합니다.
- 와이어나 마끈의 자리는 반달 가지의 너무 끝이나 중앙이 아닌 각 끝의 1/4 지점에 묶습니다.
- 뒷면은 장식할 필요가 없지만 '정면, 위, 아래'에는 소재를 채워 넣어 줍니다.
- 하단에 너무 무거운 소재가 들어가면 갈런드가 아래로 처질 수 있으니 유의해 주세요.
- 소재의 리듬감과 자연스러움을 위해 잎을 사선으로 기울여 붙여 줍니다.
- 계절에 맞는 소재나 컬러로 변경하여 사계절 갈런드로 응용할 수 있습니다.
- 포장은 기성품 낮은 박스를 사용하거나 접착 OPP 필름지를 준비해 넣은 다음 선물할 수 있습니다.
- 너무 큰 사이즈보다 작은 갈런드가 훨씬 더 귀엽게 완성되어 만족감이 높습니다.
- 제작한 갈런드는 문이나 실내 벽 등에 장식할 수 있고, 작은 수은건전지 전구를 활용하여 크리스마스 갈런드로 변형할 수도 있습니다.

구근 소재를 사용한 침봉 센터피스

Oriental Flower Arrangement with Bulbs

겨울 구근 소재를 사용한 침봉 꽃꽂이.
부재료를 확장해 사용하면
꽃과 줄기의 특성을 이해하기가 훨씬 쉬워져요.
침봉을 활용해, 앞에서 감상하는
프런트 페이싱 디자인으로 작업합니다.
여백과 라인의 아름다움을
함께 느껴 보는 것도 중요한 감상 포인트겠죠.

주재료 수선화, 튤립, 히아신스, 네리네, 프리틸라리아
부재료 화기, 침봉

1. 화기에 침봉을 놓고 물을 채웁니다.

2. 머리가 무거운 편인 히아신스를 먼저 작업하는데, 이때 히아신스는 너무 높지 않게 넣습니다.

3. 튤립을 다양한 길이로 사용합니다. 앞면을 고정하되 양옆 선도 확인하며 진행합니다. 3~4대를 넣어 줘도 좋습니다. 길이나 꽃 얼굴 방향을 다르게 연출합니다.

4. 아웃트라인을 그리며 네리네를 넣습니다. 짧게 활용하면 빈 부분을 채우는 역할로도 사용할 수 있습니다. 멀리서 모양을 체크하며 꽃을 채우되 너무 갑갑해 보이지 않도록 유의하세요.

5. 하늘하늘한 수선화를 덩어리 사이사이에 넣어 여성스러운 이미지를 더해 줍니다.

6. 프리틸라리아는 준비한 소재 중에서 가장 여린 줄기를 가졌기 때문에 마지막에 장식합니다. 아름다운 곡선 라인의 장점을 살려 시원한 느낌의 소재 사이사이에 넣어 마무리합니다.

POINT

- 꽃송이가 많음에도 줄기가 연약하다면 너무 무리해서 길게 넣지 않습니다. 무게를 이기지 못하므로 오래 보기에 적절하지 않습니다.

- 튤립은 줄기를 따로 나누어 잘라 꽂으면 그린 소재로도 활용할 수 있습니다.

- 화기 가장자리 라인에도 꽃을 기울여 넣어서 자연스러운 연출을 해 줍니다.

- 동서남북 방향으로는 가장 길게 넣지 않습니다. 뾰족해지거나 눈의 흐름을 방해할 수 있으므로 선을 부드럽게 표현하는 것이 중요합니다.

- 구근의 특징을 고려하여 튼튼하고 무거운 것에서 얇고 여린 줄기 순서로 마무리합니다.

- 모든 소재가 구근일 필요는 없지만, 줄기가 연약한 소재로 센터피스를 만들 때는 플로럴폼보다는 침봉 또는 치킨와이어(네트망)를 활용합니다.

- 침봉은 주로 동양 꽃꽂이에 사용됩니다. 꽃을 가득 넣는 것보다는 꽃줄기와 꽃 얼굴선의 아름다움을 보여 줄 수 있도록 간결하고 명확하게 디자인합니다.

- 물을 교체하기보다는 매일 물을 첨가하면 꽃의 수명을 연장할 수 있습니다.

- 나무 소재는 침봉 작업하기가 다소 어렵습니다.

- 줄기에 구멍이 있는 소재(양귀비, 라눙쿨루스, 아네모네 등)는 침봉에 꽂기 어려울 수 있습니다.

윈터 스노 토피어리

Winter Snow Topiary

동글동글 눈송이가 앉은 것 같은 귀여운 모양의 토피어리입니다.
겨울에 어울리는 색감과 소재를 활용하고,
작은 전구를 매어 주면 크리스마스 분위기가 물씬 풍길 거예요.
토피어리는 다양한 소재와 색감으로 사계절을 표현할 수 있으니
겨울의 눈을 닮은 스노 토피어리를 시작으로 다양하게 응용 및 변형해 보세요.

주재료 더글러스, 블루아이스, 루나리아(프리저브드 플라워)
부재료 화기, 자작나무 막대기, 플로럴폼, 와이어 전구

121

RECIPE

1. 화기 크기에 맞춰 물에 적신 플로럴폼을 재단합니다.

2. 자작나무 막대기를 플로럴폼에 일자로 꽂아 줍니다.

3. 물에 적신 동그란 플로럴폼을 상단에 꽂아 고정합니다.

4. 준비된 그린 소재인 블루아이스와 더글러스를 잘라 베이스를 채웁니다.
   (최대 5~6cm)

5. 소재를 360도 원형으로 빼곡히 덮어 줍니다.

6. 준비된 포인트 소재(루나리아)가 베이스보다 올라오도록 잘라 넣습니다.

7. 하단의 플로럴폼도 같은 방법과 순서로 채워 주세요. 원형 장식과 달리 길이
   감이 조금 더 길고 자연스럽도록 연출합니다.
   이때 지나치게 길면 나뭇가지를 가리거나 상단 토피어리의 원형 장식을 방해
   할 수 있으니 주의하세요.

8. 전체적으로 확인한 다음 와이어 전구를 상단에서부터 감아 내려옵니다.
   건전지 박스는 뒤쪽에 고정하거나 숨겨 줍니다.

9. 조명을 켜면 심플하면서도 겨울 느낌이 담긴 센터피스 장식이 완성됩니다.

- 아래에 오는 화기가 무거워야 중심을 잡을 수 있습니다.

- 동그란 플로럴폼을 나뭇가지에 꽂을 때는 흔들리면서 들어가지 않도록 유의합니다.

- 소재를 너무 길게 재단하면 완성 작품의 크기가 커지거나 무게가 증가할 수 있습니다.

- 플로럴폼에 들어가는 줄기의 잎은 모두 제거하고, 줄기는 사선 또는 일자 커팅도 가능합니다.

- 폼에 들어가는 줄기는 소재가 가벼울 때는 약 1.5cm, 무겁거나 길면 최소 2cm 이상은 넣어 고정하여야 합니다.

- 위에서 아래 시선이 아닌, 원형에 맞는 각도로 아래 하단까지 넣어 줍니다.

- 동그란 공 모양이 변형되지 않도록 유의하세요.

- 포인트 소재는 계절감에 맞춰 다양한 소재(오너먼트, 리본)나 색감(레드, 골드)으로 변경할 수 있습니다.

연말 파티를 위한 와인 바스켓

Wine & Flower Basket

연말이 되면 우리는 스스로를 돌아보기도 하고
소중한 사람을 찾아 인사를 나누기도 합니다.
감사를 전할 때, 와인과 꽃이 어우러진
특별한 선물을 준비해 보는 것은 어떨까요?
연말과 크리스마스 분위기에 어울리는
꽃바구니를 함께 만들어요.

주재료 칼라, 레드 장미, 헬레보루스, 샬럿 라눙쿨루스, 버터플라이 라눙쿨루스, 스위트피, 유칼립투스 니콜리, 설유화
부재료 플로럴폼, 비닐, 바구니, 와인, 리본

RECIPE

1. 바구니 크기에 맞춰 플로럴폼을 재단해 넣습니다. 폼은 바구니 가장자리와 같거나 아주 조금 높게 자리해 줍니다.

2. 비워 둔 한쪽 공간에 와인을 비스듬하게 놓습니다.

3. 겨울에 라인이 가장 아름다운 설유화 가지를 나누어 배치해 흐름을 표현해 줍니다.

4. 보태기 소재인 유칼립투스 니콜리를 부담스럽지 않은 길이로 나누어 3~5군데 넣어 줍니다.

5. 메인 소재를 먼저 중앙에 넣고, 그 주변을 하나씩 장식합니다. 바구니 손잡이를 기준으로 왼쪽, 오른쪽을 번갈아 가며 꽃으로 물들여 줍니다.

6. '칼라 → 장미' 순서로 덩어리가 완성되면 뒷받침해 주는 헬레보루스를 넣습니다. 바구니 가장자리에 걸치듯 넣는 것도 잊지 마세요.

7. 채우기, 라인감을 표현해 줄 수 있는 나머지 소재를 큰 꽃 사이사이에 꽂아 줍니다. 층을 이루거나 끝 선이 아름다운 꽃은 드러나게 표현합니다. (헬레보루스, 버터플라이 라눙쿨루스, 스위트피)

8. 포인트 꽃인 샬럿을 그루핑합니다. 2대를 사용할 때는 높낮이, 얼굴 방향을 변형하여 넣으면 입체감을 줄 수 있습니다.

9. 설유화나 유칼립투스로 부족한 부분을 채우고 소재 넣기를 마무리합니다.

10. 바구니보다는 와인병에 어울리는 리본을 묶어 파티 분위기를 업그레이드합니다.

POINT

- 바구니의 높이를 고려하여 플로럴폼을 재단하되, 와인을 둘 공간을 비워 둬야 합니다.

- 조금 더 특별함을 원한다면 와인을 부직포나 보자기로 포장해도 좋습니다.

- 상품(와인 및 와인 라벨)을 보여 주기 위해 앞면이 있는 프런트 페이싱 디자인을 선택합니다.

- 앞으로 자라나듯 연출하며 옆과 윗면도 먼저 신경 쓰고, 다음 순서로 뒷면을 장식할 수 있습니다. (뒷면은 꼭 메인 꽃이 들어가지 않아도 무방)

- 배경 소재를 먼저 넣어 주면 범위나 라인을 그릴 수 있어 메인 소재를 넣기 쉽습니다.

- 바구니 중앙이 생장점이므로 중앙에서 파생되듯 소재를 넣어 줍니다.

- 잔여 꽃 소재를 파악하며 소재별로 장식합니다. 한 가지 소재에 너무 치우치지 않도록 역할을 이해하며 접근하는 것이 중요합니다.

- 꽃과 바구니가 자연스럽게 어우러지도록 바구니와 눈높이를 맞추며 장식합니다.

- 포인트 소재는 가장 먼저 넣거나 가장 마지막에 장식하는 것을 추천합니다.

목화꽃 졸업식 꽃다발

Graduation Bouquet & Wrapping with Cotton Flowers

구름같이 몽글몽글하고 솜사탕처럼 부드러운 코튼 플라워.
누구나 사랑하는 목화꽃을 사용한 포근한 느낌의
졸업식용 꽃다발을 만들어 보세요.
프리저브드 플라워, 실크 플라워, 드라이 플라워 등
다양한 소재와 함께 활용하여 아름다움을 더할 수 있답니다.

주재료 목화 가지, 그린부시 조화, 열매부시 조화
부재료 마끈, 색화지, 크라프트지(재생지), 벨벳리본

RECIPE

1. 준비한 목화 가지를 잡는 점(바인딩 포인트)에 맞게 가지치기합니다. 긴 가지는 2대로 나누어 줄 수 있습니다.

2. 조화 부시는 손으로 매만져 입체감을 주고 좀 더 리얼하게 표현하는 단계를 거칩니다.

3. 소재 끝을 기준으로 약 40cm 아래를 왼손으로 감싸 줍니다.

4. 한쪽 나선 방향으로 준비한 재료를 번갈아 가며 넣습니다. 얼굴이 잘 보일 수 있도록 높낮이는 서로 조금씩 다르게 의도합니다.

5. 앞과 뒷면이 뚜렷할 수 있도록 정면을 보며 소재를 장식합니다.

6. 잡고 있던 지점을 끈을 이용해 단단하게 묶어 줍니다.

7. 아래 줄기를 비슷한 길이로 맞춥니다.

8. 색화지를 몇 번 나누어 접어서 볼륨감 있게 만들어 줍니다. (영상 참조)

9. 색화지 접기를 2~3장 완료하였다면 다발 길이에 맞게 포장지를 2장 재단합니다.

10. 두꺼운 포장지를 사용할 경우, 꽃이 자칫 손이 움직이는 방향대로 밀릴 수 있습니다. 유의하며 바인딩 포인트에 맞게 포장지로 연출합니다. (영상 참조)

11. 2장 모두 완료한 다음, 리본 2개를 동시에 핸들에 묶어 줍니다. 이때 리본 보의 크기를 다르게 하면 단조로움을 피할 수 있습니다.

12. 아래쪽 리본 2~3개는 매듭을 지으며 마무리합니다.

POINT

- 무거운 소재일수록 묶는 소재는 튼튼한 것으로 정합니다.
- 바인딩 지점 아래(핸들)가 너무 짧으면 상단이 무거워서 작업 난이도가 올라갈 수 있습니다.
- 바인딩 지점을 기준으로 위와 아래 비율 차이가 너무 크면 어색해 보일 수 있으니 유의하세요.
- 선물과 같은 상품인 경우, 사방형보다는 일방형으로 앞면을 지정해 작업합니다. 뒷면에는 포장이 들어갑니다.
- 색화지의 역할은 소재를 보호하고 미적 볼륨감을 주는 데 있습니다.
- 두꺼운 포장지는 핸들 근처에서 살짝 접어서 잡아야 찢어지지 않습니다.
- 겨울 느낌에 맞는 부재료를 사용하면 계절감을 더욱 살릴 수 있습니다.

연말 파티를 위한 테이블 캔들 센터피스

Candle Centerpiece

링 모양의 플로럴폼을 사용해
테이블 데코레이션을 해 보세요.
소중한 사람들과 한 해를 마무리하는 자리,
우리의 시간을 더욱 특별하게 빛내 줄 캔들 센터피스.
꽃과 캔들의 컬러를 바꾸면 느낌도 달라진답니다.

주재료 라눙쿨루스, 폼폰 국화, 튤립, 알스트로메리아, 스위트피, 미니 델피니움
부재료 링 플로럴폼, 캔들

RECIPE

1. 도넛 모양의 링 플로럴폼을 물에 담가 충분히 적신 다음 건져 내 준비합니다.

2. 가장 큰 덩어리꽃인 라눙쿨루스부터 군데군데 돌리면서 장식합니다. 색감이 비슷한 다른 꽃을 넣을 때는 같은 꽃끼리 2:1 또는 2:2:1 그루핑을 합니다.

3. 다음, 튤립처럼 약해서 다루기 어려운 꽃을 메인꽃과 함께 장식합니다.

4. 메인 꽃과 서브 꽃, 즉 보이고 싶은 큰 꽃을 먼저 넣어서 전체적인 그림을 완성한 다음 채우기 꽃(작고 잔잔한 꽃)을 넣습니다.

5. 덩어리 꽃인 폼폰 국화를 넣고, 라인은 물론 채우기 역할까지 하는 스위트피 가지를 나누어 군데군데 넣습니다. 전체적인 그림을 완성해 가는 단계입니다.

6. 비슷한 역할의 알스트로메리아를 빈 곳에 채워 줍니다. 오렌지빛이 너무 과해지지 않도록 유의하세요.

7. 마지막으로 리듬감을 주는 미니 델피니움을 경쾌하게 장식합니다. 델피니움에 있는 그린 잎도 함께 사용하면 소재를 더 잘 활용할 수 있습니다.

POINT

- 물을 충분히 받아 둔 다음, 그 위에 플로럴폼을 띄워 천천히 스스로 물을 흡수하도록 합니다.

- 링 플로럴폼 크기는 꽃을 꽂은 뒤 확장되는 너비를 고려하여 준비합니다.

- 도넛 모양으로 완성될 수 있도록 중간의 원형은 비우면서 디자인합니다.

- 높이가 화려하지 않은 디자인의 경우, 그루핑을 통해 안정감을 주는 동시에 자연스러운 연출이 가능합니다.

- 다양한 꽃을 믹스할 때는 5~7종만 활용하는 편으로, 너무 많은 꽃을 사용하면 디자인을 확실히 전달하기 어렵습니다.

- 바깥으로 나가는 아웃라인을 손으로 체크하면서 꽃을 꽂아 줍니다.

- 링 모양의 디자인은 서서 작업해야 균형 잡히게 완성할 수 있습니다. 시선은 위에서 아래를 향합니다.

- 상단을 신경 쓰되 링의 안쪽과 바깥쪽도 조금씩 채우며 진행합니다.

- 링 모양의 완성도를 높이기 위해 플로럴폼을 돌리면서 모든 면을 확인하며 작업합니다.

- 플로럴폼을 가득 채우기보다는 준비한 꽃들로 자연스러운 정원을 완성한다는 마음으로 진행합니다.

알아 두면 좋은 꽃꽂이 재료와 용어

[꽃과 함께 만나는 부재료]

- **플로럴폼**: 이동성을 고려한 꽃꽂이 재료로 물에 적셔 사용한다.
- **꽃가위**: 절화에 사용하며 리본 가위와 별도로 활용한다.
- **전지가위**: 나뭇가지를 자를 때 사용하며 두꺼운 가지도 자를 만큼 절삭력이 강하다.
- **니퍼**: 철사를 자르기 위한 도구. 재료에 맞는 전용 부재료를 사용해야 한다.
- **가시 제거기**: 장미의 가시를 제거할 때 사용하는 도구이며 플라스틱과 실리콘 등의 소재가 있다. 손에 너무 힘을 주어 사용하면 줄기가 심하게 손상될 수 있으니 조심해서 사용해야 한다.
- **폼 접착 테이프**: 플로럴폼을 고정하기 위해 주로 사용하며 방수테이프라고도 부른다.
- **화기**: 꽃을 담을 수 있는 모든 용기를 화기라 부를 수 있다. (유리병, 박스, 바구니, 도자기, 플라스틱 오브제, 언화기 등)
- **플로럴테이프**: 얇은 꽃 전용 테이프로 당기면 접착력이 생긴다.
- **유리테이프**: 문구용과 별개로 꽃시장에서 구매할 수 있으며, 떼어 낼 때 줄기 손상이 최소화된다.
- **끈**: 꽃다발을 묶을 때 사용하는 다양한 재질의 끈. 각 작업에 적합한 재료를 골라 사용한다. (라피아, 샤무드, 빵끈, 와이어, 리본, 마끈 등)
- **리스틀**: 등나무를 엮어 만든 도넛 모양의 틀이다.
- **와이어**: 굵은 것부터 작은 것까지 다양하다. 와이어의 숫자가 낮을수록 두꺼우며 높을수록 얇아진다. 용도에 맞는 굵기를 정해 구매하여 활용한다.
- **오아시스 핀**: 플로럴폼과 용기를 결합할 때 사용하는 플라스틱 핀으로 피자 중앙을 고정하는 핀과 닮았다.
- **오아시스 픽서(겸)**: 핀과 함께 주로 활용하며 테이프처럼 감긴 형태로 판매된다. 원하는 양만큼 떼어내어 열을 내거나 손으로 만져 준 다음 사용한다.
- **리본**: 꽃 작업의 마지막을 장식하는 리본은 소재가 다양하므로 작업물에 어울리는 것으로 선택해 활용한다. (골지, 샤무드, 오간자, 주자, 마, 벨벳, 실크, 리넨, 공단 등)
- **침봉**: 꽃과 가지를 꽂아 고정하는 역할을 하며 주로 동양 꽃꽂이용으로 사용한다.

[꽃의 역할과 기능]

크기

- **큰 꽃**: 킹 달리아, 해바라기, 아마릴리스, 대국도, 나리 등
- **중간 꽃**: 장미, 튤립, 리시안서스, 라눙쿨루스(라넌큘러스), 카네이션, 백일홍, 데이지, 클레마티스 등
- **작은 꽃**: 시레네, 칼랑코에, 마트리카리아, 옥시페탈룸, 스토크, 소국화, 잎안개, 안개꽃, 천일홍, 디디스커스 등

역할

- **메인:** 작업에서 가장 뚜렷하게 보여 주고 싶은 꽃. 덩어리가 큰 꽃이 메인이 될 수도 있지만 작업 분위기에 따라 작은 꽃이 메인 역할을 할 수도 있다.
- **서브:** 메인보다 작거나 임팩트가 조금 약한 꽃. 메인 소재를 뒷받침해 준다.
- **필러:** 작은 꽃으로 주로 채우기 역할을 한다. 큰 꽃이 들어가기 어색하거나 부담스러운 자리를 담당한다.
- **배경:** 주로 그린 소재를 활용하며 작품의 바탕이 되어 준다. 때에 따라 수국도 배경 소재가 될 수 있다.
- **라인:** 꽃 작업물에 리듬감을 더해 준다. 줄기가 가늘고 휘어진 소재를 주로 활용한다.
- **포인트:** 가장 화려하거나 비싼 소재 또는 작가가 보여 주고자 하는 소재가 포인트가 된다. 주로 작품의 중심에 배치되지만 요즘은 사선에 장식되기도 한다.

[알면 유용한 플라워 디자인 용어]

- **스파이럴:** 주로 꽃다발 작업에서 나선형으로 줄기를 배열해 핸드타이드 하는 것을 의미한다. 한 방향으로 줄기가 돌아가며 이로 인해 수정 및 보완이 쉽고 보기 좋게 마감할 수 있다.
- **패럴렐:** 스파이럴과 달리 병렬형 작업에 쓰이는 말이다. 생장점을 그 자체 자리에 두고 일직선으로 잡거나 꽃꽂이하는 것을 의미한다. 이 기법을 사용하면 간결하고 깔끔하며 안정적인 느낌으로 완성할 수 있다.
- **열탕 처리:** 꽃의 수명을 연장하는 방법이다. 줄기를 끓는 물에 10초 이상 담갔다가 빼서 보관한다. 뜨거운 물에 줄기가 들어가면 보글보글 기포가 줄기를 따라 올라온다. 모든 소재를 열탕 처리할 수 있는 것은 아니므로 주의가 필요하다. (옥스퍼드, 과꽃, 국화, 아스트란티아, 달리아 등)
- **컨디셔닝:** 꽃을 사용하기 좋거나 보기 좋게 다듬는 작업을 말한다. 줄기를 가지치기하고 물에 닿는 줄기의 잎이나 가시를 제거하는 전반적인 활동을 의미한다. 어떤 작업을 하는지에 따라 컨디셔닝의 정도가 달라지긴 하지만 어느 정도 다듬은 후 물에 꽂아 보관해야 꽃을 더 오래 사용할 수 있다.
- **바인딩 포인트:** 잡는 점 또는 묶는 점으로 이해할 수 있다. 핸드타이드(부케, 꽃다발) 제작 시 꽃의 줄기와 제작자 손이 맞물리는 접점이다. 꽃의 양과 바인딩 포인트는 주로 비례하며, 꽃의 양이 많아질수록 바인딩 포인트는 점점 낮게 변경해 준다. 꽃의 양은 많은데 바인딩 포인트가 지나치게 높으면 꽃들이 갑갑해 보이며 필 수 있는 공간이 부족해진다. 디자인에 따라 적은 양도 바인딩 포인트를 낮게 잡을 수 있지만, 보통 1송이부터 추천하는 바인딩 포인트는 꽃머리 상단에서 20~25cm 아래 지점이다.
- **와이어링:** 꽃 작업을 할 때 다양한 와이어를 활용하는 작업을 말한다. 꽃잎 또는 줄기, 나뭇가지 등에 와이어를 활용하여 고정, 연장, 변형 등을 한다. 소재 자체를 그대로 사용하기도 하지만 때에 따라 디자인과 작업자 의도를 연출하고자 부재료를 활용한다. 와이어링 기법에는 피어싱, 후킹, 인서션, 크로싱, 헤어핀 등이 있다. 주로 플로럴테이프를 함께 사용한다.